중국인의 심리 코드

중국인의 심리 코드

지은이 · 첸 란

중국인으로 태어나 한국인으로 살아온 20년

인연이란 참으로 알 수 없는 말인 듯싶다. 중국에서 태어나 자라고 중고등학교에서 아이들을 가르치던 내가 한국에 들어와 20여 년을 살면서 한국인이 되리라곤 상상도 하지 못했던 일이었으니 말이다.

내가 한국에 들어온 것은 한국과 중국이 서로 수교를 하기도 전이었던 1992년(한중수교는 1992년 8월 24일)이었다. 나는 미국으로 가기 위해 먼저 한국에 들렀고, 영사관 비자 심사를 기다리는 동안 외국어학원에서 중국어 강의를 해보면 어떨까 하는 생각이 들었다. 그러나 사람도 환경도 낯선 한국이었다. 어디로 누구를 찾아가야 할지도 막막했다. 고민 끝에 무작정 외국어학원으로 찾아가 채용 담당자를 만나보기로 마음을 먹었다.

처음 찾아간 곳은 종로에 있는 큰 학원. 직원의 안내를 받아 만난 사람은 나이가 지긋하신 분이었다. 그는 내 이력서를 보더니 한 마디를 툭 던졌다. "뭔 알아보지도 못할 한자를 썼어?" 한국에서는 간자체簡子體 한자를 쓰지 않는다는 것을 몰랐던 것이다. 한국과 대만 및 홍콩은 번자체繁子體를 쓰지만, 중국 대륙은 마오쩌둥 시대에 문자 개혁을 하면서 한자의 복잡한 획수를 줄여 전통 글자와는 다른 형태의 새로운 한자가 생겼다. 이른바 간자체다. 간자체는 쓰기에 편리한 장점이 있어 중국의 문맹을 줄이는 데는 크게 공헌을 했지만 상형문자인 중국 고유의 번자체가 의미하는 원래의 뜻을 알기 어렵게 되었고, 글자의 모양이 초라하고 볼품이 없어진 것 또한 사실이다. 그러니 번자체를 쓰는 대만 출신 화교거나 한문에 조예가 깊은 한국인 학자라면 처음 보는 간자체가 한자답지 않게 보였을 것이다. 결국 읽지도 못하는 한자로 이력서를 작성한 내가 서툴러 보였는지, 애초에 강사가 필요하지 않았는지는 모르겠지만 첫 번째 학원의 문턱을 넘지 못했다.

어쨌든 우여곡절 끝에 다른 학원에서 중국어 강의를 하게 되면서 나는 한국에서의 생활에 첫 걸음을 떼었다. 그리고 주한 중국문화원과 KDI, 삼성인력개발원 등에서 중국어와 한·중 문화비교 강의를 하고, 한·중 문화교류 업무를 맡아 일하면서 20여 년을 한국 땅에서 살아오고 있다.

나는 오랜 시간 한·중 두 나라 사람들이 교류하는 현장에 있으면서 한국인들과 중국인은 정서, 의식, 성격, 처세 등 보편적인 특성이 많이 다르다는 점을 종종 느끼곤 했다. 시간이 흐르고 교류가 많아지면서 서로에 대한 이해가 조금씩 깊어지긴 했지만 아직도 많은 점에서 잘못 이해하고 있는 것들이 있다. 중국, 중국인과 관련된 책들이 쏟아져 나오면서 중국인들은 이렇다, 저렇다 하고 이야기들을 하지만 가끔은 잘못 이해하고 있거나 표피적인 이해에 그치는 경우도 많이 본다.

중국은 8퍼센트의 55개 소수민족과 92퍼센트의 한족으로 이루어진, 14억 명에 달하는 인구대국이다. 어찌 보면 23개의 성과 5개 자치구가 각각 하나의 국가라고도 할 만하다. 더구나 남방과 북방의 지역적 특색이 판이하게 다르고, 세대별 가치관도 현격한 차이가 있다. 경제가 급속도로 발전하면서 1급 도시와 2, 3급 도시 그리고 7~8억 명의 농민들이 사는 농촌 지역은 생활 수준과 지식 수준 및 개개인의 의식 수준에서 많은 차이가 있다. 그러니 중국인들에 대한 정의가 수학공식처럼 딱 맞아떨어질 것이란 가정의 성립은 불가능하다. 한국과 북한이 한복과 김치 그리고 언어만 비슷할 뿐 완전히 다른 나라, 다른 의식을 가지고 있는 것처럼 말이다,

두 사람만 있어도 성격과 성향이 다르고, 함께 사는 식구라도 생각과 취향이 각기 다른 것처럼 중국인에 대해서도 이렇다 저렇다 명쾌하게 콕 집어서 말할 수는 없다. 하지만 하나의 사회에는 보편적인 문화와 가치관 그리고 관습이 존재하는 것 또한 분명한 사실이다.

나는 20여 년이란 긴 시간 동안 한·중 교류의 현장에 있었다. 그런 과정에서 한국인들이 중국인들에 대해 어떤 점을 궁금해 하는지, 무엇을 알고 싶어 하는지 알 수 있었다. 그리고 중간자의 입장에서 한국인들이 궁금하게 생

각하는 중국인들의 관습과 문화, 의식에 대해 가능한 중립적이고 객관적이며 사실적인 것들에 초점을 맞춰 이야기를 풀어보고 싶었다. 그리고 지루하지 않게 여러 재미있는 실화들을 곁들여 중국인에 대한 이해의 폭을 넓히고, 중국인과 교류하고 사귀는 데 도움을 주고자 했다.

어쩌면 꼭 필요하지 않은 말을 삼가는 것은 영원한 숙제일지도 모른다. 또한 편협하고 주관적인 생각의 틀에 갇혀 제대로 조명하지 못했을 가능성도 없지 않다. 미리 양해를 구하면서, 조금이나마 오늘날 가까운 이웃으로 점점 교류의 폭을 넓혀가고 있는 중국인들의 속살을 제대로 이해하는 계기가 되어 소통에 도움이 될 수 있다면 더 없는 보람이겠다.

2014년 12월 첸란

Contents

chapter 1

한국인과 중국인,
가까워 질 수 있을까?

한국인이 궁금해 하는
중국인의 얼굴

　한국에서 강의를 업으로 삼아 살면서 대학생, 공무원, 회사원, 기업 임직원부터 CEO에 이르기까지 다양한 계층과 연령층의 사람들을 만날 수 있었다. 물론 이렇게 다양한 사람들을 만날 수 있었던 것은 내게 큰 행운이었다. 여러 면에서 한국과 한국인을 이해하는 데 큰 도움이 되었기 때문이다. 또한 한국인들이 중국인에 대해 어떤 부분에서 궁금해 하고 목말라 하는지도 알게 되었다.

　나는 강의, 강연을 하면서 중국으로 유학을 가거나, 파견근무를 가거나, 중국인과 비즈니스를 하거나, 중국에 여자친구 또는 남자친구를 둔 한국 교육생들로부터 중국과 중국인에 관해 많은 질문을 받곤 했다. 그래서 내 수업은 언제나 중국어를 가르치는 것에 머물지 않았다. 나 역시 학생들로부터 한국어와 한국문화 그리고 한국과 중국인의 의식 차이에 대해 배웠고, 새로운 사고방식의 틀이 잡히게 되는 데 큰 영향을 받았다.

　"사회주의 나라에서 살다가 자본주의 한국에 와보니 어떠세요?"

한·중 수교가 막 시작되었을 당시만 해도 한국인이 보는 중국은 사회주의국가라는 선입견으로 인해 상당한 이질감을 느끼던 때였다. 사업차 중국을 처음 방문했던 중견기업 이사였던 수강생은 텐진 여객터미널에서 사회주의 특유의 붉은 환영 플래카드와 북한 유학파 출신 통역원으로부터 "중국에 오신 것을 쎄게 쎄게 환영합니다"라는 인사말을 듣고 놀랐다는 일화를 들려주기도 했다.

"요리는 잘 하세요? 짜장면 자주 드시겠네요."

당시의 많은 한국인들은 중국인이라고 하면 으레 요리를 잘하는 것으로 생각하거나 짜장면을 자주 먹는 메뉴로 알고 있었다. 하지만 정작 나는 중국요리에 문외한이고 겨우 야채나 볶는 정도에 머물러 있다. 또한 시커먼 짜장면이라는 것도 한국에 와서야 처음으로 먹어보았다.

"한국인에 대한 첫인상은 어떤가요?"라는 질문이 들어왔을 때, 나는 "한국인은 예의가 바르고 무척 친절한 것 같아요. 처음 동네 목욕탕에 갔을 때였어요. 아주머니 한 분이 사양할 사이도 없이 '이태리 목욕 타월'이라는 걸로 내 등을 빡빡 밀어 주더라구요. 난생 처음 수세미같은 타월로 등짝이 밀린 탓인지, 아주머니가 빡빡 힘주어 정성스럽게 밀어준 덕분인지는 모르겠지만 살가죽이 벗겨지는 줄 알았지요. 아프다는 말 한 마디 못하고 맡겨졌던 거울에 비친 내 등짝은 완전 빨간색으로 변해 있었어요. 그 후로 등을 밀어준다고 하면 '괜찮아요. 제가 밀어드릴까요?'라고 사양하지만요. 그렇지만 따뜻한 마음이 느껴져 낯선 나라 사람이지만 그다지 낯설게 느껴지지 않고, 친근감이 있었어요"하고 한국에서 있었던 인상 깊었던 일화를 놓고 중국어로 수다를 떨기도 했다.

교육생들이 궁금해 하고 호기심을 가졌던 것은 중국인에 대한 것만이 아니었다. 중국인들이 한국, 한국인들에 대해 어떻게 생각하는지에 대해서도 궁금해 했다. 이 책에서는 이렇게 서로가 궁금하게 여기는 부분들에 대해 의문을 풀어가려고 하며, 먼저 그동안 내 강의를 듣던 학생들이 중국인에 대해 궁금하게 생각해 질문하곤 하던 내용들을 간략하게 정리해 보려고 한다. 물론 중요한 내용들은 뒤에서 자세하게 다시 이야기할 것이다.

Q 중국인들과 만남에서 어떻게 준비를 해야 하나요? 중국인은 남방 사람과 북방 사람 사이에 차이가 많나요? 지역 특성은 어떤 것이 있나요?

A 대체적으로 북방과 남방을 비롯한 지역, 상하 계층, 문화 수준, 의식 수준에 따른 중국인의 차이는 뒤에서 상세하게 이야기하겠지만 달라도 너무 많이 다르다. 중국 북방 지역에서 유학을 하고 온 학생과 남방 지역에서 파견근무를 하고 온 사람이 이야기를 하면, 서로 자신이 알고 경험한 중국인과 다르다고 말하는 경우가 많다. 두 사람 모두 자신이 직접 경험한 중국인에 대해 사실을 이야기를 하고 있지만 전체 중국이 아닌 자신이 본 중국, 중국인의 모습 또는 현상만을 이야기하기 때문에 의견이 나누어 진다.

또 중국인이라고 하더라도 북방 지역이 고향인 나와 같은 경우는 아무래도 북방 중국인의 성격, 성향, 처세, 관습에 대한 이야기를 더 많이 하게 마련이다.

Q 중국인들의 성격과 특성은 어떤가요? 한국인과 문화적 차이가 많나요? 비슷한 것은 무엇이죠?"

A 중국인과 한국인이 교류를 시작하면 처음에는 비슷한 외모 그리고 유교문화와 한자문화 등 유사한 점이 있어 친근감을 느끼다가 차츰 국민성과 문화 특성에 따른 이질감으로 부딪치는 모습을 현장에서 많이 보았다. 유교문화의 전통과 한자 사용 그리고 동양적 가치관 등 비슷한 점이 있지만 음식은 물론 예의범절, 처세, 의식, 가치관, 라이프스타일은 너무나도 많이 다르다.

Q 중국에서는 주로 남자들이 요리를 한다고 들었는데, 정말인가요? 그럼 여자들은 집에서 어떤 일을 하나요? 중국 여성들은 사회적 지위가 한국 여성들에 비해 높다고 하는데, 맞나요?

A 이런 질문은 한국 여성들의 입장에서 부러워할 수도 있는 부분이지만 반면에 남성들의 경우에는 그런 중국 여성들을 오히려 부담스러워 하기도 한다.

한국은 여성들이 사회, 경제활동에 많이 참여하게 되면서 사회적 지위가 크게 향상되었지만 가정에 머물러 있는 사람도 여전히 많다. 아직은 목소리를 높이면 드센 여자라는 사람들의 시선을 의식해야 하는 단계에 머물러 있다.

반면 중국 여성들은 자기주장이 확고하고, 한국 여성에 비해 기가 세다. 남녀평등 의식이 일반화 되어 있고 일찍부터 사회, 경제활동에 참여해 왔던 문화 배경이 있기 때문이다.

Q 중국인과 한국인은 처세관이 많이 다르다고 하는데, 구체적으로 어떻게 다른가요? 예를 들어 설명해 줄 수 있으세요? 중국인의 꽌시는 정말로 그렇게 결정적인 작용을 하나요? 꽌시의 규칙 같은 게 따로 있나요? 중국과 거래를 트고 싶은데, 꽌시를 동원해서 하는 것이 좋을까요? 아니면 직접 하는 게 좋을까요?

A 중국인의 꽌시에 대해서 들어본 바는 있지만 꽌시의 위력이 어느 정도로 큰지, 꽌시가 없으면 아예 일을 도모할 수 없는 것인지, 하는 점도 한국인들이 많이 궁금해 하는 부분이다.

한국인들은 중국인들의 꽌시에 대해 신비스럽게까지 느낄 정도지만 사실 중국인도 예외는 아니다. 간단히 설명할 수도 없고 터득하기는 더욱 쉬운 일이 아니어서 중국인도 책과 현장에서 끊임없이 공부를 해야 하는 부분이다. 분명하게 이야기할 수 있는 것은 중국에서는 일반인들도 대부분 꽌시나 처세에 대해 한국인들보다 매우 중요하게 여기고, 처세를 모르면 배운 사람이라고 하지 않는다는 것이다. 꽌시를 모르면 사람과의 교류도 이루어지지 않고 사회생활도 어렵다. 꽌시에 대해서는 뒤에 자세히 이야기를 할 것이다.

Q 중국인의 멘즈문화와 한국인의 체면문화는 어떻게 다른가요?

A 이 역시 '꽌시'만큼이나 어렵고 복잡하다. 사람이 모인 곳이라면 체면놀이가 펼쳐지게 마련이고, 한국인이든 중국인이든 체면에 연연해 기싸움을 하는 것도 비슷하다. 그러나 중국인의 체면치레 형식과 의식은 한국인과 비슷하면서도 분명히 다르다. 중국인의 체면놀이는 스케일에 대단히 민감하다.

Q 한국에서 중국인은 솔직하지 않고 꿍꿍이가 많으며 의심이 많다는 선입견이 있어요. 한국인과 비교하면 어떤가요?

A 솔직하게 감정 표현을 하는 한국인들 입장에서 보면, 있는 그대로 감정을 표현하지 않고 에둘러서 표현하는 중국인에 대해 이런 선입견을 갖는 것은 이해가 간다. 상대적으로 중국인이 보는 한국인은 솔직하고 담백하게 보인다.

Q 중국에서 손님이 오는데, 어떻게 접대하면 좋을까요? 어떤 음식을 대접하면 좋을까요? 중국은 접대문화가 까다롭다고 들었는데, 구체적으로 어떤가요? 저는 중국인과의 만남에서 그게 가장 신경이 쓰여요.

A 중국의 접대문화 역시 '꽌시' '체면' '인정' 등이 포괄적으로 들어간 하나의 사회학문이라고 할 만큼 복잡하고 난해하다. 뒤에서 자세하게 설명하도록 한다.

이외에도 "중국인들이 특별히 선호하거나 금기로 여기는 것은 무엇이 있나요? 선물은 어떤 것으로 어떻게 해야 마음을 전달할 수 있고 감동을 줄 수 있나요?" 등 중국과 중국인에 대해 궁금해 하는 구체적인 질문은 많고도 많았다. 제한된 시간 때문에 강의시간에는 일일이 다 설명을 해줄 수도 없었고, 구체적으로 이야기하지도 못했었다. 이제 이것들에 대해 하나하나 이야기 해 보기로 한다.

중국인을 이해하고자 하는 한국인들이 중국의 문화나 여러 모로 사람 사는 모습을 궁금해 하는 것처럼 한국에 관심이 큰 중국인들 또한 질문이 많다. 그들은 어떤 질문을 할까?

"한국은 아직도 남존여비 관념이 심한가요? 한국인은 시어머니가 정말로 그렇게 며느리에게 무섭게 대하나요?"

"며느리들이 그렇게 순종적이고 말을 잘 듣나요? 세상에! 중국 며느리들은 어림도 없는데 말이죠."

드라마를 통해 떠오르는 이미지는 전체 한국인에 대한 가치관 판단의 기준이 되기 쉽다. 그 사람의 말과 행동으로 미루어 생각을 읽을 수 있고 나아 갈 방향과 승패를 점칠 수 있듯이, 한국 드라마는 곧 중국인에게 한국인에 대한 이미지를 형성하는 거울이 된다. 중국인들은 대체적으로 기가 세고 드센 중국 여성들에 비해 한국 여성들은 온순하다고만 여긴다.

한국과 중국이 갓 교류를 시작할 때, 중국인들은 전통문화와 외형 그리고 경제적인 면에서 많은 궁금증을 가지고 있었다. 어떻게 전쟁을 겪은, 그렇게 가난하던 나라가 네 마리 용의 우두머리가 되었고 'Made in Korea'는 어떻게 세계적인 제품이 되었는가 등등.

최근에는 양상이 많이 달라져 질문도 한층 구체적이다. 한국인들의 일상적인 라이프스타일에 대한 관심도 크게 늘어났다. 유학, 관광, 비즈니스로 한국을 다녀 온 사람들이 늘어난 탓이기도 하지만 무엇보다 한류 바람이 불면서 한국 드라마를 자주 접하게 된 것이 큰 이유이다.

드라마는 한국, 한국인의 일상을 디테일하게 보여준다. 식탁에서 밥을 먹는 장면이 나오면 반찬은 몇 가지를 놓고 먹는지, 고기요리가 있는지 없는지를 알 수 있으니 세세한 일상생활과 문화 취향에까지 질문이 미치면 나로서도 대답하기가 곤란할 때가 종종 생긴다. 드라마가 한국 사람들의 생활상을 대표하는 것도 아닌데 말이다.

"한국 남자들은 밥과 요리를 하지 않나요?"

"한국인은 모두 드라마에서처럼 진짜로 그렇게 멋진 집에 사나요?"

"한국 밥상은 국과 김치 그리고 나물 위주던데, 그렇게 기름기 없이 먹으면 배가 고프지 않나요?"

한 번쯤 한국인들과 교류를 했던 중국인들이 꼭 묻는 말도 있다.

"한국인은 삼겹살을 왜 그렇게 좋아하나요?"

한국인들은 외국인 친구를 초대해 삼겹살을 대접하는 경우가 많다. 이것이 중국인들 눈에는 매우 의아하게 보인다. 중국인들은 돼지고기를 요리의 주요 재료로 많이 쓴다. 돼지고기에 각종 야채를 넣어 음식을 만들어 먹는 것이 일반적이다. 그러다보니 한국인이 즐겨먹는, 특별한 조리법 없이 삼겹살을 구운 다음 상추에 마늘을 함께 싸서 먹는 게 그들 눈에는 아주 단순하게 보인다. 손님을 초대하면 돼지고기는 물론이고, 물고기나 닭고기 등 다양한 메뉴로 밥상을 풍성하게 차리는 걸 당연하다고 여기는 중국인들의 입장에서 볼 때 소홀히 대접을 받는 것으로 생각하는 사람도 있다.

"한국에는 술 종류가 많지 않은가 봐요? 소주밖에 안보이던데."
한국에 온 중국 공무원이나 비즈니스맨들도 자주 묻는 질문 중 하나다.
"그렇진 않아요. 소주가 가장 대중적인 술이긴 하지만, 맥주도 많이 마시고 막걸리라는 전통주도 즐겨요. 그런가 하면 위스키를 비롯한 양주 소비량도 세계에서 알아주는 나라가 한국이고요. 그리고 소주에도 종류가 굉장히 많아요. 지방의 각 마을마다 나름의 특색 있는 전통 소주가 따로 있거든요." 이렇게 대답해 주면 눈이 휘둥그레진다. 한국처럼 작은 나라에 지방마다 전통술이 따로 있다니 뜻밖이었던 모양이다.
"뭐든지 잘 섞고 잘 받아들이는 나라라서 그런지 한국은 술 문화도 섞어 마시는 일이 아주 흔하지요. 맥주에 양주를 섞어 마시기도 하고 소주에 맥주를 섞어 마시기도 하구요. 남자들이 1차에서 소주를 마시고, 2차에서는 맥주, 3차를 가서 양주를 마시는 건 흔히 있는 일이죠."

들고 있던 중국인들의 입이 딱 벌어진다.

"아니, 한국 사람들은 이태백처럼 모두 주당인가 봐요."

중국인들은 도수가 높은 술에 익숙하고 요리를 곁들여 먹기에 웬만큼 마셔도 끄떡이 없다. 하지만 한국의 국민주인 소주나 양주에 맥주를 섞어 만드는 자체 발명 폭탄주에는 금방 취한다. 마셔보지 않았던 술이고 도수가 낮다고 대수롭지 않게 여겨 자신만만하게 받아 마시지만 그 다음날에는 손사래를 친다.

휴가를 맞아 한국을 찾았던 베이징 CCTV 방송국의 지인은 이런 질문도 했다.

"한국에서는 아가씨들도 진짜로 소주를 마시고 그렇게 술에 취하나요?"

아하, 무엇이 궁금한 것인지 금방 짐작이 간다.

중국에서는 사납게 고성을 지르며 싸우는 여성이나 웃통을 훌러덩 벗고 배불뚝이를 드러낸 아저씨는 흔하게 볼 수 있지만, 술에 취해 혀가 꼬부라지거나 취해서 비틀거리거나 거리에 쓰러져 있는 모습은 보기 어렵다. 한국 드라마에서 그런 모습을 보게 되면, 그게 한국에서 실제로 일어나는 일인지, 약간 과장을 한 것인지 알쏭달쏭할 법도 하다.

이는 양국의 음주문화 차이에서 기인한다. 중국술은 대략 40도 이상이 많고, 50도 심지어는 60도가 넘는 술도 많다. 그들은 고기류가 들어간 푸짐한 요리를 안주로 하지 않고는 술을 마시지 않는다. 도수가 높은 술을 마시지만 기름진 안주를 많이 먹어 별로 취하지를 않는다. 게다가 중국 여성들은 회사에서 맡은 특별한 역할이 아닌 이상 도수가 높기 때문에 남성만큼은 술을 즐기지 않는 경향이 있다. 그래서인지 스트레스를 받아 한 잔, 외로워서 한 잔, 힘들어서 한 잔, 괴로워서 한 잔, 싸워서 한 잔, 애인과 만나 한 잔, 헤어져서 한 잔, 선배 만나서 한 잔, 친구 만나서 한 잔 하며 남녀노소가 10도 정도의 소주를 가볍게 즐기는 한국인의 음주문화를 잘 이해하지 못한다.

"한국인의 예의범절은 왜 그렇게 까다롭고 복잡하나요?" 하고 질문하는 중국인도 있다.

한국인은 동방예의지국답게 예의범절이 복잡한 반면, 중국인은 겉으로 드러나는 태도로서의 예의는 잘 보이지 않는다. 물론 보이지 않는 법도는 까다롭다.

중국인들은 한국, 한국인들에 대해 많은 것을 궁금해 한다. 일상적인 라이프스타일에서부터 드라마, 음악, 문화, 정치, 외교에 이르기까지 그들의 질문은 아주 다양하다.

자신이 누구인지 정확하게 아는 것, 그리고 상대를 아는 것이 세상에서 가장 어려운 일 중 하나일 것이다. 삼황오제三皇五帝와 단군檀君이란 뿌리로부터 각각의 문화를 꽃피우며 무려 5,000여 년이란 길고도 긴 역사를 함께 해온 한국과 중국이라는 이웃은, 때론 서로 너무 잘 알아서 갈등을 빚기도 했다.

그러나 자신이 누구이고, 상대가 누구인지 아는 것 못지 않게 굴기하는 중국의 시대와 그 변화에 따른 환경을 정확히 꿰뚫어 통찰

하는 것 또한 쉽지는 않다.

때로는 문화적 차이로 인해 오해를 하기도 하고, 드라마에서 본 것을 보편적인 현상으로 믿어버리는 경우도 있지만 중국인들이 한국과 한국인에 대해 많은 것을 물어볼수록 기분이 좋아진다. 관심이 없으면 궁금한 것도 없는 법이다. 관심이 생기고 접촉할 기회가 많아지니 점점 질문이 많아지는 것이다.

서로 집안의 숟가락 개수를 알고 지내는 사이까지는 아니라 하더라도 한·중 양국과 두 나라 사람들이 이처럼 서로 많은 질문을 던지고 확인해 가면서 가까워지기를 바라는 마음이다.

교류의 시작,
중국인과의 첫만남

한국인 할아버지가 손녀들과 함께 중국을 방문했다. 공항에는 일찍부터 중국인 할아버지가 마중을 나와 대기하고 있었다. 한국인 할아버지는 중국여행에 대비해 오래전부터 중국어 인사말이며 노래를 배워 나름 철저히 준비를 하고 있었다. 그는 마중을 나온 중국인 할아버지를 만나자마자 "니 하오마"라며 미리 배워둔 인사말을 건넸다. 중국인 할아버지 역시 "환잉환잉(歡迎歡迎)"하고 반갑게 인사하며 직접 차를 운전해 마중했다.

참고로 첫 만남에서의 예의를 차린 인사말로는 "닌 하오(您好!)"가 정확한 말이다. '니 하오마(你好嗎?)'라는 인사말은 지인들 사이에서 안부를 전하는 말로 '잘 지냈나요?'라는 뜻이다.

어쨌든 짧은 중국어라 긴 대화를 나눌 수 없다보니 중국인 할아버지의 집으로 향하는 차 안은 곧 조용해졌고, 어색한 분위기가 흘렀다. 그때 한국인 할아버지가 손녀들에게 그동안 갈고 닦았던 등려군鄧麗君의 '첨밀밀'을 합창하자고 제안하였고, 차 안에는 난데없이 '톈~미~미~' 노래 소리가 울려 퍼졌다. 중국인 할아버지도 환하게 웃으시며 "하오~하오~!"를 연발하였고, 신이 난 한국인 가족은 목적지에 도착할 때까지 내내 '첨밀밀'을 열창함으로써 서먹서먹한 분위기를 깼다. 그리고 그 후에도 중국인을 만날 때면 '톈~미~미~'를 부른다고 한다.

이 이야기는 할아버지와 함께 중국을 다녀온 손녀들이 조영남 최유라 씨가 진행하는 MBC 방송 '지금은 라디오시대'에 보낸 사연이다.

위의 사례는 중국인과 금방 친해질 수 있는 방법이기도 하다. 그러나 대학생이나 비즈니스맨 또는 공무원들이 이렇게 만나자마자 "톈~미~미~"로 시작하는 등려군의 노래를 불러 친해지려고 할 수만은 없는 노릇이다.

한국과 중국의 교류가 많아지면서, 일반 한국인에게도 중국인 친구 한 두 명은 생기게 마련이다. 그 외에 업무 또는 단체행사 등으로 누구나 중국인 손님을 맞이하는 일도 생기게 된다.

그럼 한국을 방문하는 중국측 손님들의 접대는 어떻게 하면 좋을까?

중국인은 조직이나 개인이나 할 것 없이 상대에 따라 접대의 격을 다르게 준비하는 경향이 있다. 그들은 영접의식에 신경을 많이 쓰는데, 중요한 사람이라면 직접 영접하는 것은 물론 영접 인원과 차종 등에까지 세심하게 신경을 쓴다. 중국인의 체면문화에 기인한 그들만의 겉으로 보여지는 형식과 스케일을 중요하게 생각하는 관습 때문이다.

서로 다른 문화는 옳고 그름을 따지기보다 상대와 원활한 소통을 위하여 다름을 이해하는 자세가 유익하다. 중국인은 정치인은 물론 기업인 또는 일반인들도 이런 영접의식에 매우 민감하게 반응한다. 열정적인 영접의식 못지않게 어떤 차종을 타는가도 중요하게 생각하므로 때로 중요한 손님을 맞이할 때에는 고급 승용차를 대여하는 일도 있었다.

공항에서 손님을 영접한 후, 친절하고 세심하게 배려하며 정성을 다하면 기본적으로 화기애애한 분위기가 형성되기 마련이다. 단체 손님을 맞이할 때는 한 사람 한 사람 소외되지 않도록 친밀하게 다가가는 자세를 갖추면 통한다. 간단한 중국어가 가능하면 금상첨화다. 유창한 중국어를 구사하지 못하더라도 걱정할 필요는 없다. 서툰 중국어를 오히려 더 재미있게 여겨 분위기가 좋아진다.

행사를 진행할 때는 통역사의 역할도 상당히 중요한 비중을 차지한다. 의외로 중요한 국제적인 큰 행사를 치르면서 주변의 아는 사람을 통해, 검증도 없이, 단지 중국어를 할 줄 안다는 것만 보고 통역을 맡기는 일이 꽤 있다. 행사 통역 경험은 고사하고 중국어 실력이 형편없는 경우도 종종 있는데, 이런 경우 십중팔구 분위기가 가라앉고 우왕좌왕하기 마련이다. 행사를 성공적으로 마치기 어렵다. 전문분야 통역인 경우는 한 글자의 오차도 있을 수 없도록 100% 그대로 전달해야 하므로 실력이 검증된 그 분야의 전문통역사를 초빙하는 것이 안전하다.

국가적 행사거나 민간 외교행사의 통역은 말만 전하는 것이 아니다. 전체 분위기를 읽는 것은 물론 양쪽의 정서며 생각과 감정까지도 읽어 전달함으로써 서로의 마음을 연결시켜 주는 교량 역할을 해야 하므로에 행사 경험이 많은 통역사가 적합하다.

행사 진행에서는 상대측의 문화를 이해하고 존중해주는 자세도 상당히 중요하다. 크고 작은 국내외 행사에서 작은 부주의로 실수를 해 오해가 생기고 서운해 하는 일이 가끔 발생하기도 한다.

한국과 대만의 기업인 300여 명이 모인 행사에서 있었던 일이다. 갑자기 대만 외빈들의 안색이 흐려지고 기분이 좋지 않아 보였다. 이유를 알아보니 주최측에서 대만 국기를 거꾸로 걸어놓는 실수를 했던 것이다.

한국측은 즉각 통역사를 통해 중국어와 한국어로 정중하게 실수를 사과하는 동시에 재발 방지를 약속했다. 그러자 대만 손님들은 "이해합니다 이해합니다.(리재리재 理解 理解)" "괜찮습니다. 괜찮습니다.(메이꽌시 메이꽌시 沒關係 沒關係)'라며 오히려 한국측을 안심시켰고 분위기도 반전되었다.

행사가 끝난 후, 본격적인 연회가 시작되면 술과 음식을 함께 나누며 서로가 더욱 깊이 있게 친해질 수 있는 좋은 기회다. 중국인 손님을 모시고 식사를 함께 할 때에는 평소보다 한층 밝은 모습으로 음식을 소개하고 챙겨주면 손님과 마음의 거리를 좁힐 수 있다. 좀 더 색다르게 손님을 접대하고 싶은 경우에는 전통문화를 엿볼 수 있도록 한국적인 분위기가 물씬 풍기는 고풍스러운 한정식집에서 접대하는 것도 좋다.

예전에 CCTV에서 한국을 방문한 손님을 모시고 '한국의 집'에 갔었다. 우선 외관상으로 독특한 한국 분위기가 묻어나는데다 인기 드라마 '대장금'에 나오는 고전 한복을 입은 종업원의 예의 바르고 친절한 안내를 받으며 중국인 손님들은 상당히 신기해 했다. "오늘 맛볼 음식은 임금님 수라상입니다."라고 소개를 하자, 그들은 "와! 내가 한국 임금님 밥상을 받아보네요"라며 들뜬 기분을 드러냈고, 궁녀 복장을 한 여종업원들이 음식의 특징이며 음식을 먹는 방법까지도 친절하게 알려주자 아주 즐거워했다.

지금은 중국 단체관광객들도 많이 찾게 되면서 예전의 분위기와는 많이 달라졌지만 경복궁 근처의 '토속촌'도 중국인 손님을 접대하기에는 좋은 곳이었다.

"이곳이 노무현 대통령님이 즐겨 찾던 유명한 삼계탕 집입니다. 삼계탕은 인삼이며 대추 등 몸에 좋은 한약이 들어간 보양식입니다."라고 설명을 해주자, 그들은 "진짜예요?(쩐더마 眞的嗎) 노 총통이 자주 찾은 집이예요? 아주 유명한 집이겠군요. 먹자마자 몸보신 되어 힘이 나겠네요"라며 너스레를 떨었다.

중국은 요리 종류가 워낙 많아서 웬만한 음식으로 중국인을 감동시키기는 어렵다. 그러나 한국의 전통 한옥에서 한정식을 대접하며 한국만의 스토리가 있는 곳을 골라 대접하면 차별화된 감동을 줄 수 있다.

중국인 손님에게 음식을 대접할 때 규모나 분위기를 우선 보고, 다양한 메뉴 그리고 눈으로 보기에도 푸짐하고 맛으로 소문난 집이면 일단은 안심해도 괜찮다. 또한 호텔식 뷔페는 메뉴가 다양하고 골라먹는 재미도 있고 입맛에 맞지 않을까 염려할 필요가 없어 무난한 편이다.

그러나 한국식 중국요리는 푸짐한 중국의 식탁과는 다르게 상대적으로 테이블이 썰렁해 보일 수 있으며 음식 맛 또한 차별화가 안 되어 덜 적합한 것 같다. 한국인이 좋아하는 갈비, 삼겹살, 곱창, 순대국, 감자탕, 설렁탕, 부대찌개 등 단일메뉴의 음식도 중국 손님에게는 덜 적합할 수 있다.

요즈음은 중국도 상류층이나 대도시 젊은층의 식탁문화가 많이 변화되고 있기는 하다. 날것을 먹지 않던 중국인들이 회를 먹기 시작하였고, 쇠고기 스테이크를 찾는 사람들도 많이 생겨나고 있다. 또한 한류의 영향으로 한국인이 즐겨먹는 불고기를 먹는 사람도 늘고 있다.

중국인들과 가장 빨리 친해질 수 있는 방법은 아무래도 한국인의 실제 생활모습을 엿볼 수 있는 가정집으로 초대하는 게 최고다. 정성을 다해 음식상을 준비하였다면 어떤 요리를 대접하건 집으로 초대하는 자체를 환대하는 것으로 받아들여 그만큼 가까워지고 서로 간의 우정이 돈독해지는 계기가 될 수 있다.

국적의 경계는 허물어지고 세계는 한마당으로 변하여 고향과 친구가 따로 없다. 마음이 편하고 서로 통하면 고향이고 친구가 아닐까?

chapter 2

먹으면서
친해진다

중국인의
손님 접대

중국인의 손님 접대는 격식부터 복잡하고 까다롭고 분주하기 그지없다. 한국인을 포함해서 외국인들은 상당히 궁금하게 생각하면서도 긴장을 하기도 하는데, 일반적으로 상대의 문화를 모르기 때문이다. 지금부터 중국인들의 생활 속으로 들어가 그들의 접대 문화를 살펴보도록 하자.

중국인의 손님 초대는 매우 중요한 사교수단이자 외교수단이다. 우선 자리배치에서부터 격식과 규칙을 철저하게 따진다.

술자리에서의 좌석은 지위를 나타내는 것과 다름없다. 정중앙에는 수뇌 또는 중심인물이나 명성이 높은 인물이 앉는다. 이를 주석主席 혹은 주인이나 주빈의 자리, 즉 상석上席이라고 한다. 나머지 참가자들은 열석列席이라고 해서 일정한 등급에 따라 양쪽에 늘어앉는다. 어디에 앉는가에도 엄격한 규칙이 있으며, 이를 중국인은 예禮라고 한다. 오늘의 주인공이 누구인지, 주인공이 한 사람이거나 서열이 분명하면 정해진 대로 앉으면 되지만 만약 지위와 권세가 비숫한 손님이 여러 명일 경우에는 누구를 상석에 배치할 것인지를 두고 골머리를 앓는 일도 많다. 때로는 자리배치 때문에 분위기가 냉랭해지고, 내놓고 드러내지는 않아도 자존심에 상처를 받는 일도 왕왕 생긴다. 물론 다들 고만고만한 사람들이 티격태격하는 격이기는 하다. 정말로 지위가 높고 고귀한 인물이라면 굳이 어느 자리에 앉느냐를 놓고 얼굴을 붉히는 일은 없을 것이다. 농촌을 찾은 국가주석이 시골 촌민들과 높고 낮음을 재지 않으며, 어느 자리에 앉아야 할지 유념치 않고 오히려 자신을 낮춰 대중들에게 맞추는 것처럼 말이다.

지위와 연령이 비슷한 경우에는 서로 사양하는 절차를 거친 다음 접대를 받는 사람이나 초대를 하는 사람이 상석에 앉는다. 남의 권유를 받자마자 덥석 상석에 앉는 사람은 모임이 끝난 뒤에 '규칙을 모른다(뿌둥 꾸이쥐 不懂規矩), 세상물정 모른다(메이쩬 꿔 쓰멘 沒見過世面), 몰지각하다(뿌둥쓰 不懂事)' 등의 비난을 받기도 한다.

실제로 모 협회 중국인 대표가 문화계에 종사하는 한국인으로부터 식사초대를 받았을 때의 일이다. 협회 대표는 동행한 협회의 한국인 이사가 멋모르고 상석에 앉자 즉각 안색이 변해서 자리를 바꾸자고 했다. 한참 연장자인 협회 이사는 아주 무안한 기색으로 자리를 바꿔 앉았지만 기분은 나빠졌을 것이다.

사람들은 자신을 너무 대단하게 생각하는 데서 오해와 갈등이 생기는 일이 많다. 자신을 소홀히 대하는 것은 아닌지 기싸움을 하는 것도 같은 맥락이다. 실제로 대단한 사람은 자신이 누구라는 것을 알리거나 권위를 따질 필요가 없어 유연하고 오히려 겸손하다.

중국인의 상하 좌석의 규칙은 아래와 같이 정해져 있다.

- 방문을 마주보고 있는 위치가 상석이다. (몐먼 웨이 상 面門爲上)
- 중앙이 양 측면보다 상석이다. (쥐중 웨이 상 局中爲上)
- 앞좌석의 위치가 상석이다. (첸 파이 웨이 상 前排爲上)
- 문에서 멀수록 상석이고 가까울수록 하석이다. (이웬 웨이 상 以遠爲上)
- 경치를 마주 볼 수 있는 자리가 상석이다. (꽌징 웨이 상 觀景爲上)
- 식탁이 둥근 원탁일 때에는 중요한 손님을 주인의 우측에 앉힌다.
- 그날의 주인과 자리가 멀수록 하석이다.

일반적으로 규모가 작은 모임은 주인이 좌석을 결정하지만 큰 행사의 연회인 경우에는 초대한 측에서 좌석배치를 전문적으로 담당하는 사람을 따로 두고 행사 전체를 적절히 챙긴다.

나는 한국인들로부터 중국의 술자리에서 있었던 이야기를 종종 듣곤 하는데, 한 번은 이런 대화를 나눴다.

"지난번에 중국 출장을 가서 만찬회에 참석했는데, 술을 얼마나 권하는지 주는 대로 받아 마셨다가 죽는 줄 알았어요."

"적당히 마시지 그러셨어요."

"잔을 비우면 부어놓고, 비우면 또 부어놓으니 안 마실 수도 없잖아요."

한국인 손님 입장에서는 술을 권하는 주인의 성의를 무시하고 못 마신다며 몸을 사릴 수도 없으니 단숨에 잔을 비우게 된다. 하지만 술이라면 빠지지 않는다는 자신감으로 대수롭지 않게 여겨서 호기롭게 부어주는 대로 독한 중국술을 마시게 되면 견뎌낼 재간이 없다.

손님을 모시는 중국인 입장에서는 주인으로서 손님의 술잔이 비어 있는 것을 가만히 보고 있으면 눈치가 무디다고 오해할까봐 잔을 자꾸 채우게 된다. 손님 잔은 언제나 술로 가득 채워져야 하고 철철 넘치도록 따라야 제대로 손님을 대접하는 것이라는 전통적 관념을 가지고 있기 때문이다.

중국인들은 술을 받을 때도 술잔을 바닥에 내려놓은 채로 받으며 수시로 첨잔을 하는 게 일반적이다. 술을 마실 때는 지위고하를 따져 술을 권하는(찡 지우 敬酒) 순서가 철저하게 지켜진다. 술을 마시는 자세에는 차이가 없이 똑같다. 중국인들은 자신의 술잔에 술을 따라서 남에게 권하거나 어른들 앞에서 술을 마실 때 고개를 돌리고 마시는 한국인의 음주 예절을 신기하게 여긴다. 이런 문화 차이를 이해하지 못하면 식탁에서도 서로가 상대를 의아하게 여기는 일이 생기게 마련이다.

한국인은 중국인들이 젓가락으로 음식을 집어주는 것을 낯설게 생각한다. 하지만 중국인들이 연회에서 젓가락으로 손님에게 음식을 집어주는 것은 중요한 예절이다. 정중한 태도와 친근함의 표시이자 상대방에게 바짝 다가가서 외톨이가 되지 않도록 배려한다는 뜻이다.

중국인은 조직에서 '링도우(領道)'라는 호칭을 잘 쓰는데, 지도자 또는 보스를 가리키는 말이다. 지역에 따라 다소 차이가 있을 수는 있지만 연회에서 식사가 시작되면 대체적으로 권위가 가장 높은 사람인 '링도우'나 접대자 중 가장 지위가 높은 사람이 먼저 석 잔을 권한다. 그 다음 사람은 두 잔, 맨 아랫사람은 한 잔을 손님에게 권하는 독특한 주법이 있다. 윗사람이 제의한 건배가 끝나면 아랫사람도 돌아가며 윗사람이나 손님에게 두 손으로 술을 권하고 건배하며 존경의 뜻을 표한다.

여러 사람이 높은 자리에 앉은 한 사람에게 권할 수는 있지만 '링도우'를 제외하고는 절대 한 사람이 여러 사람에게 권할 수는 없다. 또한 매번 잔을 권할 때마다 한 마디씩 건배사를 하므로 식사가 끝날 때까지 상대의 말을 경청하는 자세를 보이고자 한다.

건배사는 일반적으로 직급이 높은 사람이 간단명료하게 말하거나 유머 있게 하여 분위기를 띄운다. 술을 권하는 축주사(祝酒辭)에 관한 책까지 있을 정도로 격식 있는 만찬회 때 축주사를 중요하게 여기며 화려한 언변을 펼치는 경우가 많다. 직급이 낮은 사람은 술자리에서도 말할 위치가 아니므로 대체적으로 말을 적게 하고, 주는 술을 사양하지 않고 받아 마시는 자세를 보인다. 술잔을 부딪쳐 건배할 때는 아랫사람이 잔을 약간 아래로 내리고 직급이 같거나 친구끼리는 같은 높이로 잔을 부딪친다. 술을 권하면서 잔을 부딪치지 않았다면 상대의 주량과 술 마시는 태도에 따라 어느 정도 마실지를 결정한다. 손님이 먼저 술잔을 들어 건배 제의를 하거나 아랫사람이 술잔을 들어 건배 제의를 하는 것은 실례다. 어떤 경우라도 손님이 기분에 취해 말을 많이 하거나 분위기를 주도하는 것 또한 큰 실례다.

'중국인은 술을 엄청나게 많이 마시고 술을 강권한다'거나 '중국인이라도 술을 강권하지 않는다'는 등 한국인들의 평이 엇갈리지만 다 맞는 말이다. 각자의 만난 사람과 경험이 다르기 때문이다.

같은 중국인과의 만남이라고 해도 지역, 도시나 농촌, 연령층, 신분계층을 나누어서 보면 비교적 정확하게 파악할 수 있을 것이다. 농촌과 대도시 직장인의 생활 패턴이 다르듯 대체적으로 농촌 사람과 북방 지역의 사람들 그리고 계층과 신분이 낮은 사람들일수록 술을 많이 마시고 상대에게도 강하게 권하며 술자리도 왁자지껄한 경향이 짙다.

계층과 신분이 위로 올라갈수록 대부분의 중국인은 술을 권하면서도 "편한 대로 마시십시오.(수어 이 隨意)"라며 상대를 배려하고, 술을 받은 입장에서는 대부분 사양하지 않고 마시는 것으로 성의를 표시한다. 물론 주량이 약하거나 몸 상태가 좋지 않으면 상황에 따라 적절히 마시는 척 성의를 보이는 것도 흥을 깨지 않는 예의다. 몸이 좋지 않거나 여성 또는 노약자의 경우에는 술 대신 차나 음료수로 건배를 하기도 한다. 격식이 있는 자리일수록 술을 강권하지 않으며 대체적으로 남방 사람은 북방 사람보다 술을 강권하지 않는다.

계층과 신분이 중상류층 이상인 중국인들에게는 친지, 친구, 동료 등 그 어떤 친목모임이라고 하더라도 먹고 마시러 가는 것이 아니다. 무언가를 자랑하고 싶어 하거나 폼을 잡고 싶어서 가는 것도 아니며 놀러가는 것은 더더욱 아니다. 중국인들은 친목모임에 참석하는 것을 인맥을 관리하는 차원에서의 사회활동이라고 생각한다.

일반 대중일지라도 정도의 차이만 있을 뿐 대체적으로 모임의 성격에 자신을 맞추려 한다. 따라서 술이나 분위기 또는 흥에 취하는 일이 그리 많지 않는 편이다. 어떤 상황에서도 손님은 절대 주인을 제치고 다른 사람들의 관심을 한 몸에 받을 정도로 떠들썩하게 말해서 주객이 전도되는 것을 경계한다. 이는 상대를 존중하지 않거나 예의가 없다는 오해를 받을 수 있기 때문이다.

또한 대체적으로 중국인들은 연회의 술자리에서 사업 이야기를 하지 않는 게 원칙이다. 상대와 즐겁게 술을 마시고 있다면 이미 비즈니스도 비슷하게 잘되어 가고 있다는 신호로 보기 때문이다.

먹는 것이
곧 사교 활동

    세상은 거대한 무대이고 누구나 그 무대에서 크고 작은 배역을 맡아 살아가지만 중국의 경극을 보면 알 수 있듯이 역할의 성격에 따라 표정이나 태도가 확연히 다르게 드러난다. 일상에서도 맡은 배역을 얼마나 잘 소화하는지는 중국식 교제인 회식에서 드러난다.

    중국에서는 회식을 일반적으로 '후이찬(會餐)'이라고 하고 '판쥐(飯局)'라고도 한다. '판쥐'는 회사에서 이루어지는 '후이찬'이라는 단순한 회식과는 차원이 다르다. 단순히 친목을 다지기 위해 모여서 음식을 먹고 술을 마시는 게 아니라 모종의 목적의식을 가지고 스스로 감독과 배우가 되어 서로를 탐색하고, 교류하는 성격이 강하기 때문이다.

    '판쥐'란 용어가 일반인들 사이에서 널리 쓰이기 시작한 것은 1910년경부터이다. 통속적으로 표현하면 손님을 초대하고 식사를 하는 것이지만 판쥐의 오묘함은 음식 또는 밥에 있지 않고 '쥐局'에 있다. 쥐局은 장기에서 유래한 말로 정세, 사태, 입장을 헤아린다는 뜻으로 쓰이다가 나중에는 도박, 술책, 올가미, 함정, 꾀 등의 의미로도 파생되어 쓰였다.

천하의 패권을 두고 다투던 항우項羽와 유방劉邦이 자리를 함께했던 '홍문연鴻門宴'이 가장 대표적 정치 행위인 판쥐라고 할 수 있다. 홍문연은 범증이 유방을 유인해서 죽이려고 마련했던 연회로, 유방은 장량의 지혜와 번쾌의 용기로 겨우 위기에서 벗어날 수 있었다. '판쥐'가 사람 장기를 두는 무대였던 셈이다.

정계나 재계 인사들의 연회가 단순한 식사자리가 아니라 정치 행위이듯 중국에서의 연회는 정치인이나 기업인 등 상류사회에 국한되는 게 아니다. 중상류층 사회의 공무원이나 비즈니스맨 그리고 평범한 일반인까지도 식사는 단순히 먹고 마시는 행위가 아니라 사교행위라고 인식한다. 때문에 연회는 중국인의 생활과 사교의 일부분이라고 말할 수 있다

결혼식은 혼연 (훈옌 婚宴)

장례식 상연 (상옌 喪宴)

멀리 떠나면 송행연 (쑹싱옌 送行宴)

멀리에서 돌아오면 세진연 (시천옌 洗塵宴)

아이를 낳으면 희연 (시옌 喜宴)

생일은 수연 (써우옌 壽宴)

좋은 곳으로 이사하면 교천연 (치오첸옌 喬遷宴)

중국인은 진급을 해도 회식, 보너스(훙빠오 紅包)를 받아도 회식, 아무튼 온갖 이유를 붙여 식사자리를 만들고 술 마시고 음식을 먹으며 분주하게 사교활동을 한다. 한국에서는 직장에서 회식을 자주

하는 편이지만 중국에서는 특별한 일이 없는 한 직장에서의 회식은 잦지 않다. 대신 친지나 친구 또는 사회적 신분이 비슷한 계층의 사람들끼리 모이는 사교 자리의 식사가 많다.

많은 연회 중에 단연 규모가 큰 것은 결혼식 혼연과 장례식의 상연이다. 결혼식의 경우 한국처럼 청첩장을 보내기도 하지만 전화로 알리거나 또는 친구를 초대해 식사를 하면서 결혼식을 알리는 경우도 있다.

고향을 방문했을 때, 마침 경찰관으로 일하는 오빠 친구가 딸의 결혼식을 알려와 함께 혼연에 참석하게 되었다. 결혼식장은 갓 오픈한 연회장으로, 고층건물에 들어 있는 2층의 큰 홀을 두 개나 사용하고 있었다. 영하 30도를 넘나드는 추운 겨울이었지만 밀려드는 경찰 간부의 하객들로 1층 로비부터 복도며 2층 할 것 없이 마치 설날을 맞이하는 분위기처럼 북적거렸고, 1층에는 고위 공직자나 사회적으로 영향력이 있는 하객을 영접하는 귀빈실이 따로 마련되어 있었다.

신랑의 부모는 타지에 있는 관계로 하객은 주로 신부측 아버지의 친구나 지인들이 대부분이었다. 2층 결혼식장에서도 역시 앞자리에 귀빈석을 따로 마련해 두었으며 신부 아버지의 친구가 책임을 지고 중요한 인사의 안내를 담당하고 있었다.

숫자 8을 좋아하는 중국인들의 풍습에 따라 시계바늘이 9시 58분을 가리키자 방송국 아나운서와 비슷한 목소리와 외모를 가진 사회자가 결혼식 시작을 알렸다. 결혼식장은 낮이었지만 햇빛을 완전히 차단해 마치 공식행사를 방불케 하는 색색의 조명이 번갈아 바꾸미며 화려한 분위기로 끌어올렸다. 덩치 좋은 카메라맨들도 여기저기서 셔터를 누르며 잔치 분위기를 띄웠다. 중국인 특유의 체면문화를 엿볼 수 있는 결혼식 풍경이다.

결혼식이 끝나면 화려한 빨간색 자동차나 검정색 자동차 행렬로 도시를 한 바퀴를 돌며 신분과 경제력을 한껏 과시하기도 한다. 결혼식 형태는 한국과 크게 다르지 않지만 주례사가 따로 없다. 대신 신랑의 인사말과 신랑 신부의 부모님 인사말이 따로 있다. 예식은 대략 1시간 정도 진행되는데, 예식이 끝나면 화려하고 흥겨운 공연이 펼쳐진 뒤 결혼식장의 넓은 공간은 곧바로 테이블이 놓이고, 수십 명의 종업원들이 들고 오는 음식이 차려져 결혼식장은 금방 푸짐한 식당으로 변한다.

혼연에서도 하객들은 어김없이 사회적 계층에 따라 끼리끼리 모여 식사를 하고 술을 마시는 사교의 장이 펼쳐진다. 결혼식장에서의 1차 연회가 끝나기 바쁘게 그 사회에서 영향력이 있는 사람들은 각기 다른 장소로 이동하여 따로 사교 활동을 이어간다.

2차 사교장에서 빠지지 않고 등장하는 것은 술자리에 이어 단연 마작麻雀이다. 마작은 대략 명나라 때부터 시작된 황족과 귀족들의 놀이였는데, 차츰 시간이 흐르면서 민간으로 전해져 내려왔다고 한다. 국공내전을 벌이던 장제스와 마오쩌둥이 전쟁 중에도 잠시 즐겼을 정도로 중국인이 즐기는 마작은 늘 식사와 함께 따라다니는 사교의 수단이다.

중국인들은 이처럼 결혼식의 혼연이나 장례식의 상연 외에도 친지나 친구가 멀리 떠나면 송행연을, 멀리서 돌아오면 세진연을, 이사를 하면 교천연을, 아이를 낳으면 희연을, 생일에는 수연을 열어주며 먹고 마시며 친분을 쌓아가는 게 일반적이다. 그러나 연회만이 아니라 그 어떤 자리에서도 집단은 시끌시끌하지만 개인은 되도록 튀는 복장, 튀는 언행을 자제하려는 모습을 보이는 것이 중국인이다.

식탁 문화의
흔한 오해

　한국인 남학생이 중국 대학으로 유학을 가면서 자연스럽게 중국
인 여학생과 사귀게 되었고, 한동안 교제를 거쳐 여자친구의 부모
님께 인사를 하러 갔다. 인사를 하러 가는 남학생의 긴장된 마음은
당연하였겠지만 외국인 사윗감을 처음 초대하는 중국인 부모님의
마음도 긴장되고 설레기는 마찬가지였다. 말로만 듣던 한국 유학생
을 부모님도 많이 궁금하게 생각했다.

　진수성찬으로 가득 밥상을 차린 중국인 부모님은 손님을 지극정
성으로 친절하게 환대해 주었고 번갈아 손님의 접시에 맛있는 요
리를 집어주며 음식을 권했다. 한국인 남자친구는 집어주는 요리를
전부 받아먹은 것은 물론 식탁에 차려진 음식도 이것저것 맛나게
집어다 먹었으며, 밥도 한 공기를 더 달라고 해서 그야말로 엄청나
게 먹었다.

　식사가 끝나고 난 뒤, 손님은 정중하게 감사인사를 하고 돌아갔
다. 그런데 손님을 돌아가자 중국인 여자친구의 부모님이 느닷없이

둘 사이의 교제를 반대했다.

"무슨 남자가 초면에 음식을 그렇게 많이, 게걸스럽게 먹느냐? 집이 그렇게 가난한가? 식사예절도 모르나?"

중국인 부모는 초대한 딸의 남자친구가 아주 많은 양의 음식을 맛있게 먹는 걸 좋게 보지 않았고 이해할 수가 없었던 것이다.

"한국에서는 사윗감이나 사위가 처갓집에 가서 음식을 맛있게 많이 먹어주는 것이 예의이고 사랑을 받아요. 사위가 처갓집에 가서 깨작깨작 잘 먹지 않으면 밉상이 되는 거예요."

한국에서는 사위가 될 사람이나 사위가 처갓집에 가서 차려진 음식을 맛있게 많이 먹어 주는 것이 장모에게 사랑을 받는다는 한국인들의 정서를 중국인 부모가 알 리 없었다. 한국문화를 어느 정도 알고 있던 딸로부터 상세한 설명을 듣고 나서야 까다로운 상하이의 예비 장인장모는 한국인 유학생과 딸의 교제를 정식으로 인정하였고 그 후 두 사람은 결혼을 했다.

중국인들은 식사 초대나 회식이 있을 때 음식이 나온다고 해서 곧장 달려들어 급히 먹지 않고 음식이 담긴 접시를 깨끗이 비우려 하지 않는다. 그것은 음식을 많이 먹어 봐서 견문이 많다는 뜻이자 식사예절을 모르는 촌놈이란 인상을 주고 싶어하지 않기 때문이다.

주인은 손님이 요리가 담긴 접시를 다 비우면 그 요리가 부족하다는 의미로 받아들여 어느 사이 같은 요리를 다시 한 접시 올린다. 물론 외국인 손님은 눈치를 채지 못하는 경우가 대부분이다. 손님을 초대하는 경우, 음식 가짓수는 일반적으로 10여 가지는 기본이고, 손님에 따라 20여 가지 또는 30여 가지 음식 접시가 2층으로 쌓인다. 음식의 가짓수는 홀수가 아닌 짝수로 먼저 냉채요리부터 볶음요리 등이 나오며 뒤로 갈수록 비싸고 귀한 요리가 오른다. 그러므로 먼저 오른 요리를 급하게 많이 먹을 필요도 없다.

중국에서는 모여서 음식주문을 할 때 "나는 주문할지 모른다"라는 말을 하는 사람이 많다. 한국인으로서는 누구든 각자 음식을 주문하면 된다고 생각한다. 그러니 중국인이 중국에서 "나는 주문을 할 줄 모른다"하고 말하는 게 무슨 뜻인지 궁금할 수밖에 없다. 그것은 중국의 음식 가짓수가 워낙 많아서 사람들과 사교를 많이 하고 견문이 넓어 고급음식점에 자주 드나드는 사람, 음식을 많이 먹어 보고 음식을 많이 주문해 본 사람만이 가능하기 때문이다. 물론 서민들이 서민음식점에서 한두 가지 대중음식을 시키는 것은 예외이다.

음식 가짓수 외에 음식재료도 상당히 신경을 쓴다. 접대할 때 귀하다 못해 불법으로 잡은 야생동물 등 특이한 식재료를 사용해서 지극한 정성을 표시하고 성의를 보이고자 하는 데서 사회문제가 되는 일도 종종 있었다. 시진핑 시대에 들어서면서 단속의 칼을 뽑아들자 요즈음 중국 관료들은 고급 요리를 접대하는 자리에 민감한 반응을 보인다. 수수한 겉모습과 달리 중국인들의 음식 테이블에서 보이는 예의와 체면문화가 얼마나 복잡한지 알 수 있다.

한국 사회에서는 사람을 평가할 때 이미지가 큰 영향을 미친다. 그러나 중국에서는 아직 겉모습과 이미지만 보고 사람을 판단하기에 어려운 경우가 허다하다. 그러나 식탁에서는 그 어떤 사람인지 판단할 수 있다.

중국인들은 손님을 접대할 때 되도록이면 시끌벅적하고 흥성흥성하도록 연출하려 하고 농담도 많이 한다. 집에서 손님을 맞이할 때도 되도록 조용한 분위기를 피하려고 음악을 틀어놓든가 텔레비전을 켜놓는 경우가 많다. 또한 초면인 손님과도 격의 없는 자세를 보여 분위기가 낯설고 어색해지는 것을 피하려 한다. 그런 분위기에 익숙한 중국인들은 조용하고 격식을 차리며 정중한 한국의 식사 분위기에 쩔쩔매는 경우가 많다.

강남에 있는 모 대기업 중견간부급 회사원들이 중국인 지인들을 초대하는 자리에 함께한 적이 있었다. 마침 중국인 지인의 부모님도 한국에 들어와 있던 참이어서 함께 초대를 하였다. 장소도 중국 손님의 입맛을 고려해 깨끗하고 분위기가 좋은 잘 알려진 중국 음식점을 골랐다. 그들은 예의바르고 정중하게 손님을 맞이하여 인사를 나누고 테이블에 둘러앉았다. 대부분 중국어를 구사할 줄 알아 서로 대화를 하는 데는 문제가 없었다. 그러나 음식을 주문하고 기다리는 사이 마땅한 화제를 찾지 못하자 겉도는 얘기를 조금 나누다 금방 대화가 끊겼고 침묵이 흐르는 분위기에서 음식이 나오기만 기다리게 되었다.

어색한 침묵이 한참 흐른 뒤 드디어 코스요리가 나오기 시작하자 모두들 안도하며 음식을 먹기 시작했다. 한국인들은 점심시간이 한정되어 있다보니 음식이 나오자 마자 빠른 속도로 접시를 비웠고, 뒤이어 다른 요리가 나오면 각자 작은 접시에 나누어 음식을 먹기만 반복했다.

중국인 손님들도 덩달아 음식을 먹기에 급급해 식사하는 동안 시종일관 조용한 분위기가 이어졌다. 테이블 또한 접시가 층층이 쌓이는 중국 음식점의 분위기와 달랐다. 한국식 중국음식점 특성상, 코스요리가 정해지면 큰 접시 하나에 인원수에 맞게 작은 접시에 나누어 먹고 빈 접시는 금방 걷어간다. 그러다보니 식탁은 언제나 깔끔해서 한층 썰렁해 보였다. 점심시간이어서 술까지 빠지니 조용한 분위기를 깨기는 더 어려웠다.

그렇게 조용한 식사를 마치고 돌아오는 길에 중국인 부모님은 이렇게 말했다. "오늘의 점심식사 자리는 내가 올 곳이 아닌데 불청객이 되었군." 조용한 식사 분위기에 적응이 되지 않아 자신을 환영받지 못하는 손님으로 오해했던 것이다.

중국인들의 식사 초대는 단순히 음식을 먹는 것 이상으로 분위기를 상당히 중요하게 생각한다. 그래서 분위기를 띄워 놓고 감정교류를 하려고 신경을 쓴다. 손님 또한 객으로서의 예의를 최대한 지키고 섣불리 나서지 않으나 지나치게 겸손한 것도 경계하며 애써 화젯거리를 찾아 이야기를 나눈다. 분위기를 띄워 어색해지거나 냉랭해지는 것을 피하되 혼자서 전체 국면을 주도하면서 모든 사람을 청중으로 만드는 것도 경계한다.

식사비용에도 은근히 관심을 가지는 게 일반적이다. 식사비용을 통해서 자신을 초대한 사람의 통이 큰지 작은지 엿보는 동시에 상대의 접대를 통해 자신을 얼마나 중요하게 여기고 어느 정도로 존중하는지 존재감의 척도로 삼기 때문이다.

사람들은 대체적으로 실제 이상으로 자신을 높게 보며 실제 이상으로 인정받고 존중받고 싶은 심리가 있고 존재감을 느끼고자 하는 경향이 있지만 동양문화권의 사람들이 훨씬 더 그런 경향이 강한 듯하다. 그중에서도 중국인이 으뜸을 차지하지 않을까 싶다. 이런 자신들을 보고 "우리 중국인들은 피곤하게 산다"고 자조하기도 하며, "밥을 잘 먹는 것도 간단한 일이 아니다"라고들 한다. 그런만큼 중국에서는 '밥을 잘 먹을 줄 안다'는 것은 사회경험이 풍부한 사람, 관계의 학문에 능한 사교의 고수라고 여긴다.

보편적인
중국인의 식탁 풍경

　　중국인들의 식탁이라고 하면 으레 각종 요리가 올라간 푸짐한 밥상을 떠올리기 쉽다. 실제로는 그렇지 않다. 외국인이 일상의 중국인 식탁을 보면 다소 실망스러울 것이다. 푸짐하게 차려진 음식은 명절이나 생일상 또는 손님을 초대한 식탁에서나 볼 수 있다.

　　일반적으로 가정집에서는 간편하게 '찌아 창차이(家常菜)'라는 한국식 백반처럼 음식궁합에 맞는 다양한 식단을 준비하는데, 세 끼 식사 중 저녁을 가장 중요하게 여기고 아침은 간단히 먹는다.

　　아침에는 주로 '만토우(饅頭)'라고 불리는 속이 없는 중국식 찐빵이나 야채가 든 찐빵인 '빠오즈(包子)' 그리고 멀건 죽인 '시 쩌우(稀粥)'에 짠지를 곁들여 먹는다. 아침 식단은 의외로 담백하고 빈약하기 그지없다. 약간의 고기를 넣고 삶은 한국의 수제비같은 음식인 '후운 뚠(餛飩)'과 '러탕멘(熱湯面)'이라는 온면 또는 쌀밥과 볶은 야채인 '미판 초우차이(米飯炒菜)'도 중국인들의 주 메뉴다.

　　중국인들은 죽을 먹으면 장수한다는 생각을 갖고 있다. 대부분은 매일 아침이면 공복에 죽을 즐겨 먹는다. 병을 예방하고 건강을 지킨다는 당근죽, 고혈압을 예방한다는 야채죽도 좋아한다. 출산한 산모의 경우는 좁쌀죽에 흑설탕을 넣어서 삶은 계란과 함께 먹어야 원기가 보충된다고 믿어 한 달 내내 좁쌀죽을 먹인다. 반죽한 밀가루를 끓는 기름에 튀긴 꽈배기 비슷한 '요우 티아오(油條)'에 '짜 차이(짠지의 일종으로 한국의 중국 음식점에서도 나오는 밑반찬)'와 콩물인 '떠우 지앙(豆醬)'을 먹는 게 전형적인 아침식사 메뉴라고 할 수 있다.

집에서 직접 만들지 않고 대부분 길거리에서 사 먹는다. 젊은층의 경우는 우유와 식빵 또는 우유에 타먹는 시리얼 등의 서양식 아침식사도 즐긴다.

대부분 중국인의 아침식사는 집에서 해먹든 거리에서 사먹든 간단하다. 하지만 점심시간이 되면 학교, 회사, 병원, 식당에서 고기와 야채가 골고루 섞인 다양한 요리와 밀가루로 만든 풍성한 음식을 입맛에 맞게 그리고 저렴한 가격으로 즐길 수 있다.

점심시간이 되면 쏟아져 들어오는 사람들로 대학교나 회사의 구내식당은 금방 인산인해다. 거대한 인파에 질린 사람들은 길거리에 나가서 가판대 음식을 사먹기도 하고 도시락을 싸서 가지고 다니기도 한다. 일반적으로 점심과 저녁식사 때는 쌀과 밀가루 등으로 된 주식에 고기를 넣은 야채볶음이나 한국의 국과는 다른 멀건 탕이 식탁에 오른다. 제철 채소인 배추, 시금치, 부추, 감자, 가지, 토마토 또는 두부, 계란, 돼지고기 등이 주재료다.

저녁이 되면 퇴근하기 무섭게 여자들은 아이를 챙기고 남자들은 집과 가까운 시장으로 장을 보러 간다. 농촌은 조금 예외지만 중국

가정의 저녁 식탁은 일반적으로 남편이 준비한다. 흥정도 잘하는 남자들은 저녁 메뉴를 준비하는 데 필요한 고기며 야채 등의 재료를 꼼꼼히 따져 장을 봐서 주렁주렁 비닐봉지를 들고 집으로 온다. 그리고 집에 오자마자 대충 옷을 갈아입고 부엌에서 뚝딱뚝딱 여러 가지 요리를 만들어 식탁에 올린다.

요즈음은 상황이 변해 중국 대도시의 중산층 이상이면 대부분 집에 가정부가 있다. 요리나 청소를 직접 하지 않고 식사 준비를 도맡던 남편들도 부엌일을 적게 한다. 대체적으로 저녁 밥상은 요리가 세 가지 정도는 오르고 커다란 접시에 음식이 푸짐하게 담긴다. '량빤(凉拌)'이라는 무침 냉채요리며 돼지고기에 야채를 볶거나 계란에 야채를 볶은 요리가 대부분인데, 일반적으로 즉석에서 요리를 해서 한 끼를 먹고 한국인처럼 밑반찬을 잘 먹지 않는다.

이처럼 즉석에서 볶아 요리를 하는 음식문화이기 때문에 대형 냉장고가 필요하지 않다. 한국에서처럼 혼수품으로 대형냉장고를 사는 경우가 별로 없는 이유이다. 그래서 중국에서는 대형냉장고가 잘 팔리지 않는다.

중국은 기름진 음식이 많으며 밥보다 요리를 더 많이 먹는다. 그래서 한국의 담백한 밥상을 보고 기름기가 적어 배가 고프지 않느냐며 의아하게 생각하는 것이다. 상하이, 광저우, 따롄, 칭다오 등 해안가 도시는 해산물이 들어간 요리를 많이 먹지만 내륙 지역은 새우요리나 게요리 등 해산물이 들어간 요리는 값이 비싸고 손도 많이 가서 자주 먹는 편이 아니다. 주로 명절이나 손님을 초대할 때에 음식점에서 주로 먹는 귀한 요리에 속하고, 초대 식탁이나 결혼

식탁에 이런 해산물이 있는지를 따지기도 한다. 생선, 쇠고기, 닭고기, 오리고기 등의 육류, 그리고 물만두인 '자오즈(餃子)' 또한 날마다 먹지 않고 주말이나 특별한 날의 식탁에만 오른다.

'자오즈'는 물만두다. 단결과 경사를 상징하는 음식으로 집집마다 설날 그믐날에 빚어 밤 12시에 먹고 정월 초하루 아침에도 먹는 풍습이 있다. 만두 피를 밀고 돼지고기를 잘게 다져 넣은 다음 각자의 기호에 따라 셀러리, 배추, 부추 등 채소를 넣고 생강, 콩기름, 참기름 등으로 양념을 하고 다시 소금이나 간장으로 간을 맞춘다. 만두의 주재료로는 돼지고기가 가장 많고 이슬람교도나 회족은 양고기나 쇠고기를 다져 넣기도 한다.

가정에서는 자리마다 앞에 접시 하나 젓가락 한 쌍 그리고 우묵한 중국식 숟가락이 놓여 있는 원형 식탁을 사용한다. 탕을 마실 때를 제외하고는 젓가락을 주로 쓰며, 국에 워낙 건더기가 없어서 국을 먹는다고 하지 않고 마신다는 표현을 쓴다.

중국인들은 밥그릇을 들고 먹는 모습이 일반적이다. 한국인의 입장에서는 이상하게 보일 수도 있는데, 그들에게 밥그릇은 직업을 의미하고 있어서 '뚜완 판완(端飯碗 밥그릇을 들다)'은 '직업을 단단히 쥐고 있다'라는 나름의 의미가 담겨 있다.

조용하게 식사하는 한국 가정과 달리 중국 가정에서는 식사 때 쩝쩝거리고 먹으며 이야기꽃을 피우는 풍경이 일상이다. 물론 자녀들에게 엄격한 부모는 소리를 내지 말라며 잔소리를 하는 경우도 있다.

음식을 먹을 때의 풍경이 시끌벅적해서 예절과는 거리가 먼 것 같지만 나름 중국인들만의 예절은 따로 있다. 중요한 자리일수록 식사예절은 분위기가 엄숙하고 세세한 부분까지 격식을 따지며, 누가 식탁의 어느 자리에 앉고, 누구에게 자리를 양보하며, 어떻게 젓가락을 쥐고 어떻게 음식을 집는지, 언제 이야기하고 언제 조용히 있어야 하는지를 알아야 한다.

예전에는 밥을 먹을 때 쩝쩝 소리를 내지 않아야 하고, 탕을 먹을 때에는 후루룩 소리를 내지 않아야 하고, 게걸스럽게 먹지 않아야 하며, 요리를 집을 때 매번 너무 많이 집어서는 안 되고, 자신과 멀리 있는 요리는 좀 적게 먹어야 한다는 게 중국인들의 식사예절이었다. 또한 젓가락을 밥 중앙에 세워서 꽂으면 안 되고, 젓가락으로 사람을 가리켜서도 안 된다. 밥을 먹은 후에는 '밥을 다 먹었습니다(츠완러 吃完了)'라고 하지 않고 '잘 먹었습니다(츠 하오러 吃好了)'라고 하거나, '배불리 먹었습니다(츠 바오러 吃飽了)'라고 말해야 한다. 음식을 먹을 때의 자세(츠시앙 吃相)는 어떠해야 하는지 등 의외로 식사예절에서 격식과 법도를 중요하게 여겨 왔다.

식사를 소통과 사교의 기회로 삼게 되면서 이야기를 많이 주고받다보니 중국인들의 식탁이 점차 시끄러워지게 된 것이다.

중국요리는 세계적으로도 유명할 만큼 요리 형태가 다양하고 가짓수는 이루 셀 수도 없이 많다. 중국요리는 메뉴를 보고 어떤 재료를 썼는지 알 수 있는 것과 알 수 없는 것이 있는데, 특이한 이름의 유명요리에는 재미있는 스토리가 담겨 있다.

'퍼 테우치앙(佛跳墙 불자가 담을 넘다)'이라는 요리는 닭, 오리, 생선, 해삼, 조개 등의 재료에 약재를 넣어 만든 것이다. 너무 맛이 좋아 불자가 수행을 포기하고 담을 넘어왔다는 이야기에서 그 이름이 붙여졌다. '똥퍼로우(東坡肉 동파육 돼지고기)' 요리는 유명한 문인文人 소동파蘇東坡가 시 한 수를 지으며 먹었다는 데서 이름이 붙여졌다. 어느 음식점 주인이 싸지만 먹기 부담스러운 비곗덩어리에서 기름기를 제거하고 입맛에 맞게 개발하여 오늘날 중국인들이 즐겨 먹는 유명한 요리가 되었다.

또한 텐진(天津)에서는 '거우뿌리 빠오즈(狗不理包子)'라는 찐만두가 유명하다. 거우즈(狗子)라는 사람이 만든 만두(빠오즈 包子)는 너무 맛

있어 손님의 주문이 밀물처럼 몰려들었다고 한다. 너무 바빠진 주인이 손님에게 신경을 쓰지 못하자 손님들이 '신경을 쓰지 않는다'라는 의미의 뿌리(不理)가 붙어 특이한 이름이 생겼다. 만두가 얼마나 맛있으면 손님에게 신경을 쓰지 않을 정도인가 궁금증을 이기지 못해 사람들이 더 많이 찾아오게 되면서 '거우뿌리 빠오즈'는 더욱 명성을 날리고 있다.

한국인에게도 잘 알려진 '마포 또우푸(麻婆豆腐)'는 청대 쓰촨성(四川省)에 살던 곰보 얼굴을 가진 한 여인에 의해 개발되었다고 한다. 곰보 여인은 시집을 간 후 남편이 일찍 죽자 생계를 위해 식당을 열었는데, 양고기를 잘게 갈아 넣어 만든 두부가 매우면서 맛이 좋고 값도 싸 큰 인기를 얻으며 '마포 또우푸'라는 명칭이 생겼다.

중국요리는 궁중요리와 민간요리의 두 부류로 우선 나뉘고, 그 다음은 지역적으로 10대 요리와 8대 요리 또는 4대 요리로 나눈다.

징차이(京菜)라는 베이징요리에는 요, 금, 원, 명, 청 등 여러 왕조의 수도가 베이징에 있었기에 모든 중국요리가 지니고 있는 뛰어나고 우수한 장점들이 모여 집대성하게 되었다. 특히 루차이(魯菜 산둥요리)의 좋은 점과 남방의 음식 솜씨 그리고 북방 민족의 조리 기술까지 흡수해 수도 베이징으로 들어오게 된 징차이는 독특한 음식의 특징을 만들어냈다.

징차이의 가장 대표적인 요리인 '만한췐시(滿漢全席)'는 만주족 음식과 한족 음식을 종합한 청나라 궁중음식으로 유명하다. '만한췐시'는 108접시의 요리를 3일간 여섯 차례의 연회에 걸쳐 먹는 '따만한(大滿漢)'과 64접시의 요리를 몇 차례에 걸쳐 먹는 '샤오만한(小滿漢)'이 있다.

'만한췐시'의 식재료는 들짐승(싼빠쩐 山八珍), 해산물(하이빠쩐 海八珍), 날짐승(친빠쩐 禽八珍), 야채류(초우빠쩐 草八珍) 등인데 여기에 각각 여덟 가지 진귀한 것들이 들어간다. 낙타 혹, 곰 발바닥, 원숭이 골, 오랑우탄의 입술, 표범 태반, 코뿔소 꼬리, 사슴 힘줄 등 들짐승과 제비집, 상어 지느러미, 검은 해삼, 물고기 부레, 전복 등 해산물, 붉은 제비, 백조, 들꿩, 공작 등 날짐승 그리고 원숭이머리 버섯, 흰 참나무버섯, 죽순, 표고버섯 등 야채류가 주재료로 쓰인다.

이렇게 진귀한 것만 골라 재료로 쓰기에 1인당 5천만 원(한화)짜리 '만한췐시' 코스가 생기기도 했다. 요즈음의 퓨전식 '만한췐시'는 가격이 저렴하지만 무늬만 같을 뿐이다.

음식 배합에도 신경을 쓰는 베이징요리인 징차이는 어떤 음식에 어떤 소스를 사용하고 그리고 어떤 후식을 차릴 것인지 세심하게 따진다. '치웬 지위더 카오야(全聚德烤鴨)'라는 오리구이도 대표적인 징차이다. 오리고기를 얇게 썬 후 소스에 찍어 파 등 각종 야채와 함께 밀전병에 싸서 먹으면 한 입 가득 향긋함이 감돈다.

'쏸 양러우(涮羊肉)'라고 불리는 양고기 샤브샤브도 유명하다. 양고기 샤브샤브는 육수물이 담긴 탕에 버섯과 말린 새우를 넣은 후 샹차이와 파, 마늘 등 각종 야채와 두부를 넣고 끓인 뒤 납작하게 썬 양고기를 넣어 익으면 바로 건져 참깨 장(쯔마찌앙 芝蔴醬)에 찍어서 먹는다.

그 외에도 징차이의 유명요리에는 귀비 닭요리(꾸이 페이찌 貴妃鷄), 녹

용해삼요리(루우룽 싼쩐 鹿茸三珍), 죽순요리(깐샤요 뚱쑨 乾燒冬笋), 새우요리
(뤄한 따씨아 羅漢大蝦), 갈비요리(찡두 파이구 京都排骨) 등이 있다.

음식 종류가 많고 기름진 요리가 특색인 비슷한 중국요리일지라
도 몇 개의 나라가 혼재되어 있는 것처럼 지역적 음식문화의 편차
가 큰 것도 사실이다. 중국 4대 요리인 루차이(魯菜 산뚱요리), 촨차이
(川菜 쓰촨요리), 후차이(滬菜 상하이요리), 웨이차이(粤菜 광뚱요리)는 음식맛이
조금씩 다른데, 대체적으로 '남쪽은 달고 북쪽은 짜고 동쪽은 맵고
서쪽은 시다'라고 한다.

산뚱요리인 루차이는 음식이 풍성하고 알찬 편이며 큰 대접이
나 큰 접시에 담는다. '삼팔석三八席'이라는 연회석은 여덟 개의 접
시, 여덟 개의 대접, 여덟 개의 큰 사발, 두 개의 큰 그릇이 놓인
다. '사삼육사석四三六四席'이란 연회석도 있는데 고기가 주재료이
고, 네 가지 냉채와 많은 양이 담긴 세 가지 음식 여섯 가지의 일
반음식 그리고 네 가지 주식이 들어가는 것을 보면 루차이의 풍성
함을 알 수 있다. 루차이의 대표적 요리로는 새콤달콤한 생선요리
(탕추 위 糖醋魚), 왕족발 탕수육(꿔빠오 쩌오즈 鍋包肘子), 양고기요리(충빠오
양러우 葱爆羊肉), 해삼요리(충빠오 하이선 葱扒海蔘), 소라요리(훙싸아오 하이뤄 紅
燒海螺) 등이 있다.

삼국시대의 촉蜀 지역인 쓰촨성의 쓰촨요리 촨차이(川菜)는 청두
의 음식이 정통이다. 무려 5,000여 가지로 발전한 촨차이는 매운 맛
과 진한 맛으로도 유명하다. '쓰촨 라훠꿔(四川辣火鍋)'는 샤브샤브인
데 매콤한 후웅탕(紅湯)과 덜 매운 바이탕(白湯)에 새우 등 해산물 및
야채와 버섯이나 두부 등을 넣고 끓이다가 얇게 썬 양고기나 쇠고

기를 넣어 익으면 즉시 건져 땅콩 소스나 참깨 소스에 찍어 먹는다. 그 외에도 다섯 가지 뱀국(우서어 껑 五蛇羹), 다섯 가지 향료를 넣고 조린 두부(우씨앙 떠우푸 깐 五香豆腐干), 사천 감자 갈비요리(쓰촨 투우떠우 쏘우 파이구 四川土豆燒排骨), 닭요리(꿍바오 찌띵 宮保鶏丁), 마파두부요리(마퍼 떠우푸 麻婆豆腐) 등도 유명하다.

후차이(扈菜) 상하이요리로는 오리요리(찐짱 카오야 錦江烤鴨), 새끼돼지 통구이(카오루 주 烤乳猪), 소머리요리(빠 니우터우 扒牛頭), 상어지느러미요리(깐초우 황로우 위츠 乾炒黃肉魚翅), 새우살요리(찡안 수이찡 씨아런 靜安水晶蝦仁), 기름에 튀긴 새우요리(유빠오 허샤 油爆河蝦) 등이 있다.

광저우를 중심으로 한 광둥성의 웨이차이(越菜) 광둥요리 또한 맛있는 요리로 입소문이 나 있다. 광둥식 새끼돼지 통구이(광쓰 카오루쭈 廣式烤乳猪), 바삭바삭한 거위요리(추이피 소오어 脆皮燒鵝), 노루고기요리(치차이 루우러우 쓰 七彩鹿肉絲), 바삭한 생선요리(쭝산 추이환 中山脆鯇), 비둘기요리(홍샤오 루어꺼 紅燒乳鴿) 등이 웨이차이의 대표격이다.

그외에 루이차이의 한 갈래인 똥베이 차이(東北菜)는 상대적으로 덜 느끼하고 고기와 야채가 골고루 섞여 있어 담백하다. 한국인의 입맛에 맞는 똥베이 차이로는 중국식 탕수육이라는 돼지고기요리(꿔빠러우 鍋包肉)를 비롯하여 감자, 가지, 피망 세 가지 야채로 볶은 요리(띠 산쎈 地三鮮), 계란 토마토볶음요리(찌단 차오 씨홍쓰 鶏蛋炒西紅柿), 돼지고기를 잘게 썬 볶음요리(위씨앙 로우쓰 魚香肉絲), 새콤달콤 쇠고기요리(탕추 뉘우러우 糖醋牛肉) 등이 있다. 당초(탕추 糖醋)라는 한자가 들어간 요리는 새콤달콤한 맛으로 한국인의 입맛에 맞을 것이다.

일반적으로 중국요리는 고기나 생선의 냄새를 제거하기 위해 향료를 많이 사용해 중국음식점에 들어서면 독특한 냄새가 진동한다. 중국인들은 야채 중에서 한국의 미나리와 비슷한 모양에 향이 아주 짙은 '샹차이(香菜)'를 아주 좋아하는데, 한국인은 대부분 역겨워서 음식을 먹을 수 없다고 하는 경우가 많다. 음식을 주문할 때 "싸오팡 쌍로우(少少放香料 향료를 적게 넣어주세요)" "부야오 샹차이(不要香菜 샹차이를 넣지 말아주세요)"라고 말하면 된다.

중국인은
무슨 술을 마실까

　중국에는 술을 생산하는 제조업체가 18,000여 개이고 브랜드는 3만여 개에 달한다고 한다. 일일이 다 셀 수도 없는 그 많은 술에 빠져 헤어나지 못할 것 같지만 의외로 그렇지 않다. 술에 취해 고성방가를 하거나 길거리에 쓰러져 있는 사람을 거의 볼 수 없고 술로 인해 실수해서 뉴스에 나오는 사례도 그 많은 인구에 비하면 상대적으로 흔치 않다. 술의 도수가 워낙 높아서 가볍게 마시지 못하는 이유도 있을 것이다.

　중국 술은 쌀밥에 누룩을 많이 첨가해 짧게는 몇 달, 길게는 몇 년 이상 묵힌 40~50도 백주白酒가 주를 이룬다. 중국 전통주인 백주는 가장 대표적인 증류주이다. 약 6~8세기경에 이미 증류주가 있었다는데, 발효 횟수와 발효시간 그리고 증류 과정 등에 따라 술의 맛이 결정된다고 한다. 중국 서남부에 위치한 꾸이저우성과 쓰촨성은 자타가 공인하는 백주 생산지이다. 물과 곡물이 달라 지역 사람의 입맛에 맞게 빚은 브랜드를 내걸어 오늘의 '꾸이저우 마오타이

(貴州茅臺)와 루쩌우 로우찌오(瀘州老窖)라는 명주를 탄생시켰다.

중국의 10대 명주는 대략 다음과 같다.

- 꾸이저우 마오타이지오(貴州茅臺酒)

- 우량예 (五粮液)

- 양허 따취 (洋河大曲)

- 루쩌우 로우지찌오 (瀘州老窖)

- 산시 펀지오 (山西汾酒)

- 홍윈 랑지오 (紅運郎酒)

- 구징 꿍지오 (古井貢酒)

- 산시 시펑지오 (陝西西鳳酒)

- 꾸이저우 둥지오 (貴州董酒)

- 짼난 춘지오 (劍南春酒)

숙성시간이 50년, 30년, 15년에 달하는 꾸이저우 마오타이지오(貴州茅臺酒)는 그 명성이 대단하다. 명나라 때부터 이름을 알렸다는 우량예(五粮液)는 수수, 쌀, 찹쌀, 옥수수, 소맥의 다섯 가지 양곡으로 빚어지는 쓰촨성이 자랑하는 제일의 명주다.

구징꿍(古井貢酒)은 조조와 화타의 고향인 안후이성 보저우의 고정古井이란 우물에서 물을 길어 빚은 술로 한나라 헌제에게 진상하여 그 진가를 인정받았다고 전해진다. 수수와 소맥 및 대맥과 완두를 발효시켜 빚은 후 10년간 숙성시킨 뒤 출고하는 구징꿍은 맛이 깨끗하고 부드럽기로 유명하다. 향기가 짙으면서 맛이 부드럽고 달콤하며 뒷맛이 오래가는 술을 좋은 술로 꼽는 중국인에게 인기가 많다.

양허 따취(洋河大曲)는 청나라 건륭제가 강남(江南 짱수와 저장) 일대를 순행하면서 일주일이나 술을 마셔 신하들을 근심케 했다는 일화가 전해지는 명주다.

10대 명주 외에도 궈찌오1573(國窖1573) 그리고 한국인에도 널리 알려 진 수이찡팡(水井芳), 주예 칭(竹葉靑) 등도 유명하다. 이 외에도 쿵푸 찌아지오(孔府家酒), 베이징 알궈터오(北京二鍋頭), 헝쉐이 로우바이깔(衡水老白乾), 뚜캉 지오(杜康酒), 쌍 꺼우 따취(雙溝大曲), 지오구이 지오(酒鬼酒), 바이윈 벤지오(白云邊酒), 베이따 창지오(北大倉酒), 타이바이 지오(太白酒) 등 100대 명주에 속하는, 그야말로 이름도 다 기억하지 못할 만큼 유명한 술이 셀 수 없이 많다.

대체적으로 한국인들은 우량예(五粮液), 수이징 팡(水井坊), 산시 펀지오(山西汾酒), 산시 시펑지오(陝西西鳳酒), 쿵푸 찌아지오(孔府家酒), 베이징 알궈터오(北京二鍋頭), 헝쉐이 로우바이깔(衡水老白乾), 꼬우량 지오(高粱酒) 등이 무난하다며 좋아한다. 하지만 따취(大曲)라 표시된 이름의 술은 향이 짙어 싫어하는 경우도 있다. 중국인은 10대 명주 외에도 값이 합리적이고 맛이 좋은 100대 명주인 지역 술을 많이 마시고 선물로 주고받는다.

백주 외에도 중국에는 지역마다 다른 브랜드의 맥주가 있을 정도로 맥주의 가짓수도 셀 수 없이 많다. 중국 최초의 맥주 공장은 1900년 하얼빈에 세워진 하얼빈 맥주가 유명하고, 1903년에 '칭다오(靑島)'에서 독일인에 의해 생산하기 시작한 칭다오맥주 또한 세계적으로 유명한 브랜드로 한국인에게도 널리 알려져 있다. 베이징의

옌징 맥주인 '옌징피주우(燕京啤酒)'도 유명하다.

중국인들은 여름이면 박스 채로 가져다 놓고 마실 정도로 맥주 또한 즐겨 마신다. 특히 "지기를 만나면 천 잔의 술도 부족하다"고 말하면서 손님 접대를 좋아하고 술로 감정 교류를 하고자 하는 북방 지역 중국인들의 주량이 세다. 그들은 손님이 술을 많이 마실수록 더욱더 흥겨워 한다.

그러나 남방 지역 중국인들은 북방인들처럼 독한 술을 마시지 않고, 술에 물을 타서 마시거나 음료수를 마시기도 한다. 술을 강권하는 분위기가 아니다. 중국인들은 술을 많이 마시되 흐트러지지 않고 맑은 정신으로 대화를 하고 재미있게 게임을 하며 놀 수 있는 사람을 '하이량(海量)', 주량이 세다고 인정한다.

술을 권하는 것은 주인의 예의이고 기본이다. 손님은 적당히 취해서 흥을 돋우는 것은 좋지만 만취하는 것은 실례가 된다. 주인이 취하는 것은 더욱 실례다. 특히 고위직 공무원일수록 외국인과의 술자리가 엄격하다.

오래전 베이징 시 구청 대표단이 한국 공무원들과 만나는 자리에 함께 참석하게 되었을 때였다. 전통 한정식으로 진행되는 접대가 시작되자 한참 주흥이 올라 중국 고위공무원들이 음주를 즐기고 있을 때 직급이 가장 높은 사람이 한 마디를 하였다.

"찌아리 메이유 지오마?(家里沒有酒嗎) 집에 술이 없나요?"

그러자 즉시 중국 공무원들은 술을 자제하였다.

중국 여성들은 한국 여성만큼 보편적으로 술을 즐기지 않지만 비지니스 자리에 미모의 주량이 센 여성이 등장할 때가 많다. 그들은 꿍관 샤오제(公關小姐)라 불린다. 미모에 말재주 그리고 주량과 수완을 모두 겸비한 사교의 꽃으로 술자리의 분위기를 주도한다.

접대측에서는 없어서는 안 될 중요한 역할을 하는 이들 '꿍관 샤오제'를 여자라고 만만히 여기고 술 대결을 하면 큰 코를 다치게 된다. 그녀들은 웬만한 남성과의 술 대결에서도 지지 않을 만큼 주량이 세다.

중국인과의 술자리에서 주량을 자랑하면 후회하게 된다. 건장한 남자나 일반 남자 또는 연약하고 예쁜 여자들도 처음에는 분위기를 살피며 몸 풀기로 술을 마시다가 서서히 주량 게임에 들어가면 외국인은 당해 낼 수가 없게 된다. 특히 주량을 자랑하면 계속해서 술을 권해 감당하기 어렵다. 자랑할 만한 주량을 갖고 있을지라도 중국에서만큼은 주량을 말하지 않는 것이 좋다.

chapter 3

말로 쌓는
만리장성

중국인의
화법

중국인들의 속담 중에 "말은 전부 던지지 말고 3할을 남겨야 하고, 뜻은 직접적으로 말하지 않아야 하며, 정은 직설적으로 드러내지 않는다"라는 말이 있다.

중국인들은 마음이 곧장 드러나고 입이 빠른 것은 현명한 사람이 경계해야 한다고 여긴다. 두뇌가 주인이고 혀는 종이다. 주인보다 종이 먼저 나가 실수를 하면 체면이 서지 않고 일을 그르치며 심지어는 목숨까지 잃는 경우를 역사 속 인물들을 통해 볼 수 있기 때문이다.

의상에서도 서양인이 옷을 벗어 노출하는 것이 섹시 콘셉트라면 중국의 전통복장 '치포우(旗袍)'는 옆선을 트되 적당히 감추어 상상의 여지를 주는 동양적인 여백의 미를 추구한다.

그림에서도 서양의 그림은 사실적인 표현에 초점을 둔다면 중국의 그림은 몽롱하고 신비스러운 표현에 초점을 둔다.

서양문화는 개인주의적이고 자유와 평등을 숭상하기에 있는 그대로 감정이나 생각을 솔직하게 표현하는 스타일이지만 동양은 집단주의 문화를 가지고 있어 되도록 충돌을 피하고 튀는 것을 꺼리며 자세를 낮추는 신중함을 미덕으로 삼는다. 충돌을 피하고 튀는 것을 꺼리며 자세를 낮추는 동양적 무위無爲는, 감이 확실할 때라야 나서는 경향이 있다. 그런 이유로 중국인이나 한국인은 생각이나 말을 솔직하게 표현하기를 꺼리는데, 중국인이 한국인보다 말을 훨씬 더 에둘러 표현하며, 애매모호하고 은유적인 표현으로 말하는 것을 선호한다.

중국인들은 노골露骨이라는 한자의 의미처럼 의도가 그대로 말로 드러나는 것은 좋지 않게 여긴다. 중국인들이 말을 직설적, 노골적으로 표현하지 않고 살을 붙여 애매모호하게 돌려서 말하는 화법에는 세 가지 장점이 있다.

첫째는 말실수를 막는다는 것, 두 번째는 상대와의 갈등과 충돌을 피할 수 있다는 것, 세 번째는 상대의 자존심을 상하게 하지 않고 체면을 세워주기 위함이다.

이렇게 중국인들은 자신의 감정이나 속을 쉬 보이지 않고 은유와 우회 그리고 애매모호한 화법을 택하며 직설적인 말을 피한다. 마음이 드러나지 않아야 상대에게 휘둘리지 않는다는 건, 비단 중국인만이 아니라 한국인을 포함한 전 세계의 사람 다루는 데 능수능란한 고수들은 이미 체득한 화술이다.

중국의 고위관리가 선물로 골동품을 받았다. 그는 세 사람의 감정사를 집으로 초대하여 술과 음식을 대접하면서 도자기의 진위 여부 감정을 부탁하였다.

"좋아요, 좋습니다.(하오아 하오아 好啊好啊)"

"훌륭합니다. 훌륭합니다.(부춰부춰 不錯不錯)"

세 명의 감정사가 하나같이 좋다는 말을 연발하자 골동품의 주인인 고위관리는 상당히 기분 좋았다.

그렇다면 이 도자기가 진짜였을까? 아니, 정반대로 가짜였다.

사람들은 대개 듣고 싶은 말만 듣고 불편한 진실은 듣지 않는데, 그 대가로 자신만 속는 경우가 많다. 세 명의 감정사가 하나같이 그 골동품이 가짜라고 말하지 않는 것은, 진짜로 믿고 있는 고위관리가 가짜인지 진짜인지도 모르고 그걸 선물로 받았다는 그의 체면을 면전에서 깎을 수 없었기 때문이다. "오잉! 술과 음식을 얻어먹고 주인에게 가짜를 좋다고 말할 수 있나?"라며 한국인이나 외국인은 도저히 이해할 수 없는 처신이라고 할 것이다.

하지만 이게 바로 중국인 특유의 두루뭉술 화법이라고 할 수 있다. 그 도자기의 진위眞僞 여부를 떠나 색이나 모양이 좋다는 의미도 있고 물건을 좋게 모방했다는 뜻도 있다. 그래서 감정사들이 "좋다"라고 한 말은 틀린 말이 아닌 것이며 나중에 위조품이라고 판명이 나더라도 그들이 책임질 일도 없다. 무엇보다 마주하고 있는 관리의 체면을 생각해 진실을 얘기하는 것보다 핵심을 벗어나 완곡하게 표현하는 것이 더 현명하다고 여겼을 따름이다.

이는 중국 CCTV 방송의 '백가강단百家講壇'에 출연한 모 교수가 박물관 관장에게 전해들었다는 실화다. 중국인들의 일상에서도 이와 유사한 화법을 흔히 들을 수 있다.

이외에도 중국인들은 체면치레 말인 '커치화(客氣話)'를 지나칠 정도로 하는데, 이런 의례적인 인사말도 자신의 체면이나 상대의 체면을 고려한다는 의미가 있다. 식사를 권할 때도 처음에는 "이미 먹었습니다. 괜찮습니다"하고 사양하는 척을 하다가 아주 강하게 권할 때까지 기다려 못이기는 척 먹는다. 가끔은 먹고 싶은 마음이 있었음에도 좀 더 권해 주기를 기다리다가 타이밍을 놓쳐버려 후회하게 되는 일도 있다.

선물을 받을 때도, 서양인은 밝게 웃으며 '땡큐?'라고 하지만 중국인은 한국인과 마찬가지로 "뭘 이런 걸 사오셨습니까? 그냥 오시면 됩니다"라며 예의 표시를 하고 받아야 예의가 있는 것이다. 그렇다고 진짜로 빈손으로 오면 "예의가 없다." "세상물정을 모른다"라는 불평을 할 것이 빤한 데 말이다.

음식을 차려놓고도 "차린 것이 없습니다. 많이 드십시오"라고 말한다. 서양인들이 들으면 '차린 것 없이 왜 초대를 한다는 거야?'라고 의아하게 생각하기 쉽지만, 이런 말이 오가는 것을 중국인이나 한국인은 겸손한 예의 표시로 여긴다.

하지만 미세한 차이점이라면 중국인이 더 진지하고 장황하게 의례적인 말을 한다는 것이다. 중국인들은 사람을 소개할 때도 '치켜세우기 말(꿍웨이恭維)' 등 겉치레 형식이 독특하다. 때로는 과장이 너무 심해서 선비 타입의 성향을 가진 사람이라면 적응이 잘 되지 않을 수 있겠지만, 비즈니스 세계는 그 정도가 더욱 심하다. 상대가 잔뜩 치켜세우면 거품이 끼어 갑자기 대단한 인물로 소개되기 십상인데, 이것은 상대의 체면을 올려주기 위해 그 사람의 신분이나 능력이나 역량을 과장하는 그들만의 독특한 방식이다.

사회경험이 많은 사람은 물론이고, 아무리 두뇌 회전이 느리거나 눈치가 무딘 중국인이라도 공식적인 자리이건 사석이건 실제 이상으로 띄워주며 소개해 상대의 기분을 좋게 하려고 한다. 이를테면 부국장을 국장님, 부시장을 시장님으로 소개하는 것도 속이고자 하는 것이 아니라 당사자의 체면을 올려주는 호칭법이다.

대학병원에 가보면 여기도 원장, 저기도 원장 아무튼 원장이 참 많다. 알고 보면 한 명의 원장과 여러 명의 부원장이 있는데 '부副' 자를 빼고 부르는 특성 때문이다. 어느 성省의 많게는 7~8명에 달하는 부성장들이며, 어느 시의 몇 명씩 되는 부시장 또는 공안국 부국장 등등을 부를 때에도 부副 자를 빼고 부른다. '부' 자를 붙여 부르게 되면 '부' 자 뒤의 '성장' '시장' '국장' 보다 '부' 자가 부각된다. 상대의 자존심을 상하게 하지 않으려는 배려다. 중국인들이 이렇게 직함에서 '부' 자를 빼고 상대에게 소개하면 당연히 외국인은 물론 외부인 환자나 환자 가족도 거의가 원장으로 믿는다.

원만한 융합이라고 하는 '웬룽圓融'은 중국인 처세의 기본원칙이다. 어느 누구든 사회에서 지나치게 원칙만 고수하고 잣대처럼 곧이곧대로 말하고 행동하고 처신한다면 부러지기 쉽다고 여긴다. 그런 사람을 '고지식하다쓰씽 死性'고 말한다.

이처럼 중국인들은, 말할 때는 늘 '겉은 둥글고 속은 네모짐와이웬 네이팡 外圓內方'이란 원칙에 따라 체면과 융통성에 중점 두는 화법을 즐긴다. 원만한 사람이 되길 바라고 원만하게 일을 추구하려는 그들의 문화 의식이라고 할 수 있다.

말 속에
숨은 말 찾아듣기

    중국인들은 말을 주고받을 때 애모호한 화법 외에도 말 속에 말을 숨겨서 구사하는 화법도 즐겨 쓴다. 특히 조직사회에서 더욱 두드러지는데, 이런 말을 '쉔 와이인(弦外音)'이라고 한다. 즉 민감한 말이나 입에서 꺼내기 난처한 말을 말 속에 숨겨서 말함으로써 상대가 스스로 파악해 알아듣도록 하기 위함이다.

    이런 경우, 듣는 입장이거나 아랫사람들은 상대 또는 윗사람의 심중을 읽어내기 위해 여간 신경을 쓰지 않을 수 없다. '쉔 와이인(弦外音)'의 말을 알아듣기 위해 말의 진실이나 그 의도를 찾는 '모어 쉬어(摸索)', 자세히 궁리하는 '촤이머(揣摩)', 마음을 이해하고 깨닫는 '우신(悟心)' 등에 집중해야 한다.

    그러나 상대의 의중을 제대로 파악해 읽어낼 수도 있지만 엉뚱하게 해석되는 경우도 많다. 특히 서양인과 교류하며 말 속에 말을 숨겨서 표현을 하게 되면 절대 중국인의 의도를 알 수 없어 소통이 되지 않게 된다.

청나라 때 중국의 한 관리가 통역관과 함께 서양으로 파견을 가게 되었다. 서양인 관계자는 손님을 맞이하여 그에게 물었다.

"마실 것으로 무엇을 드릴까요?"

통역관이 중국 관리에게 통역을 하자 "아무거나(수이삐엔 隨便)"라고 대답했다. 통역관이 그대로 전달하자 서양인은 의례히 그들이 즐겨 마시는 커피를 대접했다. 한 번도 커피를 마셔본 적이 없었던 청나라 관리는 한 모금 마시고는 토할 뻔했다. 그가 낮은 목소리로 통역관에게 물었다.

"이게 뭔가?"

"커피라고 하는 겁니다."

"내가 언제 커피를 달라고 한 적이 있는가?"

"방금 아무거나 달라고 하지 않으셨습니까?"

관리는 화를 내며 말했다.

"내가 아무거나 달라고 했다고 쓰디 쓴 물을 마시게 해? 좋아, 다음에 저 서양 사람이 아무것이나 달라고 하면 말 오줌을 먹일 테다."

중국 관리는 자신이 아무거나 달라고 하면 상대가 알아서 마시기 좋은 것을 판단해서 대접할 걸로 알았는데, 쓰디 쓴 커피를 가져다 주자 못마땅하였던 것이다.

중국인들은 오늘날의 일상에서도 "뭘 드시겠어요?"라고 물으면 습관적으로 "아무거나(수이삐엔 隨便)" "다 괜찮아요(떠우커이 都可以)"라고 대답하기 일쑤이다.

내가 한국에 처음 왔을 때 학생들이 종종 음식점으로 초대를 하곤 했다. "무엇을 드실래요? 회 어때요?"라고 물었는데, 나 역시도 "다 괜찮아요(떠우커이 都可以)"라고 입버릇처럼 말했다. 실은 회가 무엇인지도 몰랐다. 그렇다고 "회가 뭐예요?"라고 물어볼 수도 없었고 음식점에 가서야 대충 회가 어떤 것인지 감을 잡았다.

일단은 한국음식 메뉴를 모르는 데다 바다와 멀리 떨어진 북방 내륙에 살았기 때문에 회를 먹어본 적이 없어 먹을 줄도 몰랐다. 허물없는 친구 사이라면 자연스러울 테지만 그렇지 않은 경우에는 어떤 것을 먹겠다는 의사를 콕 집어서 밝히는 것이 중국인들은 손님으로서의 예의가 아니라고 생각한다. 그래서 대부분 이렇게 원하는 것을 숨기고 상대가 알아서 먹기 좋은 것으로, 또는 원하는 것을 잘 헤아려 주기를 바라는 심리가 있다. 서로 마음을 잘 알아서 맞추고 이해한다면서 '신유링시 이텐퉁(心有靈犀一点通)'이라는 표현을 쓰며 기분좋게 생각한다. 거래처나 부하가 그런 마음을 잘 헤아려 일을 처리하면 관계는 급속히 발전하기 마련이다. 반대로 이런 말귀를 못 알아들을 경우에는 '고지식하다'라는 평을 듣게 된다.

그럼 중국인들의 말 속의 말의 유형을 살펴보자.

"이 일은 연구를 좀 해봅시다."

'연구해봅시다(엔지우 엔지우 研究研究)'는 담배와 술(엔지우 엔지우 煙酒煙酒)과 발음이 똑같다. 중국에서는 선물이나 뇌물로 고급담배와 술이 많이 사용되었기에 "연구해봅시다"라는 말은 "맨입으로 안 된다"라는 암시로 받아들여 해석되기도 한다. 그런 말을 들을 경우 십중팔구 다음번에는 뇌물이나 현금을 준비해야 한다는 뜻으로 받아들인다.

"나중에 또 얘기하자"는 '이 일에 동의하지 않는다'로 해석되기도 한다. "개성이 아주 강하네요"라는 말은 칭찬만이 아니라, '자아의식이 너무 강하고 지휘에 복종하지 않는다'는 의미가 내포되어 있을 수 있다. "알아서 하세요(칸저 빤바 看着办吧)"도 가장 흔히 듣는 말 중 하나로서 상대에게 자율권을 주는 것 같지만 상당히 어려운 말이다. 얼핏 들으면 '마음대로 해도 된다'라는 것처럼 들리지만 정말로 마음대로 하면 될까? 천만에 말씀이다. '알아서 괜찮은 걸로 추천해 달라' 또는 '합리적으로 처리해 달라' '최선을 다해 달라'라는 의미가 내포되어 있다.

듣는 사람은 말하는 상대의 취향이나 마음을 정확히 읽어야 한다. 하지만 그게 어디 쉬운 일인가. 그러니 조직에서는 말하는 사람의 마음을 분석하고 추측하고 읽어내 마치 암호와도 같은 말을 잘 알아듣는 사람이 소통의 달인이라는 소리를 듣는다.

특정한 사람에 대해 알아보고 싶어 물어 보았을 때도 "이 사람은 그런대로 괜찮아요(쩌거렌 하이커이这個人還可以)"라는 대답은 말 그대로 괜찮을 수도 있고 아닐 수도 있다. 아주 괜찮다면 '그런대로 괜찮다(하이커이 還可以)'라고 하지 않고 '훌륭해요(부추어 不错)'라고 해야 100퍼센트 긍정적인 표현이다. 말하는 사람의 표정과 상황에서 그 의미를 읽어야 하는 것이다.

비즈니스 협상에서는 협상의 여지를 넓히기 위해 말을 더욱 숨겨서 표현하는 경우가 많다.

"당신들의 가격은 적절한 게 아닙니다." - 가격에서 양보를 좀 해주십시오.

"저는 가격에 대해 말할 권한이 없습니다." - 가격은 흥정할 수 없습니다.

"우리의 가격은 절대적으로 공평합니다." - 가격에 대해 더 이상 흥정하지 말아 주세요.

"우리는 아주 성의 있게 임하고 있습니다." - 내가 성의 있게 임하니 당신도 성의 있게 임하시오.

이런 표현으로 상대의 적극적인 공세를 피하고 우회적으로 자신의 의사를 밝힌다.

의례적인 말도 하고 말 속에 말을 숨겨서 표현하는 중국인이지만 막상 한국인이 "언제 한 번 식사를 합시다"라는 의례적인 인사말을 하면 곧이곧대로 믿는다. 그러다가 더는 소식이 없자 "약속을 안 지키고 빈말만 한다"라고 오해하는 경우가 있다.

대체적으로 중국인이 "식사나 한 번 합시다"라는 표현은 의례적이지 않다. 진짜로 관계를 맺고 싶어 상대의 의사를 물어보는 탐문으로 많이 쓰인다. 관계를 맺겠다는 신호이거나 앞으로 어떤 부탁이 있을 수 있거나 친하게 지내자는 암시가 내포되어 있는 것이다.

수수께끼를 푸는 것처럼 그 속을 알 수 없는 중국인의 화법을 중국인 모두가 일상에서 구사하는 것은 아니다. 농촌이나 일반인일수록 꾸밈없이 직설적으로 표현한다. 포장지를 벗겨내고 화끈하게 있는 그대로 말하는 경향이 강하다. 그 반대로 지식인층, 또는 정치인의 경우에는 말을 하는 데 있어 더욱 은유적인 표현과 오묘한 비유법을 즐겨 구사한다.

최근 시진핑 주석은 전국인민대표대회全國人民代表大會에서 상하이 대표단 중 한 명을 보고는 "이전보다 살이 빠진 것 같습니다"라고 인사말을 했다. 그러자 홍콩 매체는 시진핑 주석의 말을 '상하이 시 정부가 지난 해 몸집을 줄이는 데 성공했다'라는 의미로 해석했다.

중국인들은 상대방의 언행을 잘 살펴 그 사람의 수준이 어느 정도이고, 어떤 종류의 사람인지, 그리고 그가 무엇을 원하는지 판단하곤 한다.

말의
연금술사 중국인

중국인은 장사를 잘하기로 유명한 만큼이나 말재주가 뛰어나다. 말을 잘하기로 이름난 인물은 춘추시대 안영(晏嬰, 晏子라고도 함)을 제일로 꼽으며, 그의 일화는 자주 이용되고 고사성어로 전해 내려오고 있다.

공자와 같은 시대를 살았던 제濟나라의 명재상 안영은 지혜와 언변 그리고 담력 또한 대단했으나 키가 매우 작았다. 그가 어느 해 사신으로 초나라에 가게 되었는데, 초楚나라 영왕靈王은 그토록 대단하다는 안영을 골려주고 초나라의 위엄을 보여줄 생각으로 몇 가지 준비를 해놓고 기다렸다.

영왕은 말로만 듣던 안영을 직접 대하자 볼품없는 외모와 작은 키를 보고 업신여기는 마음이 생겨 조롱섞인 어조로 안영에게 물었다.

"제나라에는 그렇게 사람이 없소?"

안영의 보잘것없는 모습을 노골적으로 비웃는 말이었다. 이럴 때 적당한 자존심은 기품이고 억지로 세우는 자존심은 열등감이다.

"무슨 말씀을 하시는지요? 우리 제나라의 수도 임치에는 길가는 사람의 어깨가 부딪치고 발뒤꿈치가 서로 닿을 정도로 사람이 많은데 어찌 사람이 없다고 하십니까?"

"그러면 무슨 까닭으로 그대를 사신으로 보냈단 말이오?"

외교사절로 방문한 안영으로서는 참을 수 없는 모욕이었으나 다양한 사람과 일을 접하면서 적극적이고 과감하게 대응하는 것은 큰 용기다.

"우리나라에서는 사신을 보낼 때 상대국의 사정에 맞게 보내는 관례가 있습니다. 즉 큰 나라에는 큰 사람을 보내고 작은 나라에는 작은 사람을 보내다 보니 신이 초나라에 오게 된 것입니다."

은근히 상대를 골려 주려다 보기 좋게 한 방 얻어맞은 영왕은 각본대로 포졸이 죄수를 끌고 지나가자 큰 소리로 물었다.

"그 죄수는 어느 나라 사람인가?"

"제나라 사람인데 절도죄이옵니다."

그 소리를 듣자 영왕이 안영에게 비웃는 얼굴로 물었다.

"제나라 사람은 원래 도둑질을 잘 하오?"

덕이 없는 자는 귀인을 만나도 외면하지만 덕이 있는 자는 악인과 부딪쳐도 길을 연다.

"강남의 귤나무를 강북으로 옮겨 심으면 탱자가 열리는데 그것은 토질 때문입니다. 제나라에는 본래 도둑이 없으므로 저 사람도 제나라에 살 때는 도둑질이 뭔지 모르고 자랐을 텐데, 그가 초나라에 와서 도둑질을 한 걸 보면 초나라의 풍토가 나쁘기 때문이 아니겠습니까?"

안영의 재치 있는 대답에 말문이 막혀 버린 초나라 영왕은 자신의 무례를 정중히 사과하고 환대했으며 이후로는 제나라를 얕보는 일도 없었다고 한다.

영화 '변검'의 대사에서 일반인들이 주고받는 말의 스타일도 살펴볼 수 있다.

당대 최고의 인기 오페라 가수가 거리의 예술인을 찾아와서 같이 합작하자며 제안을 하였다.

"선생님의 기술은 독창적입니다. 같은 음식이라도 빚는 손에 따라 맛이 다른 법이죠. 같이 일을 해보시지 않겠습니까?"

"거지라도 개를 때리는 지팡이는 있습니다. 찻잔은 비록 작지만 물은 새지 않지요."

"선생님, 오해하셨군요. 기술을 훔치고자 하는 게 아닙니다. 예술가는 혼자 버티기가 어렵습니다."

"직업 사이는 산을 사이에 둔 것과 같습니다. 저는 홀로 왔다 갔다 하는 게 자유롭고 익숙합니다. 사람들과 잘 어울리지 못합니다."

"사람은 각자 뜻이 있죠. 대가는 말에서 내리지 않고 계속 앞으로 달리는 법이죠. 실례가 많았습니다."

오늘날의 일상에서도 청산유수와 같은 말솜씨를 뽐내는 그 자체가 중국인들에겐 하나의 놀이고 재치 대결이다. 중국인들은 특히, 남자들이 말의 유희를 즐긴다. 어떤 화제를 꺼내면 어느 순간 고사성어나 속담이며 숙어의 일종인 '헐후어' 등을 섞어 상대와 맞장구치며 마치 탁구공을 치듯 말을 주고받는다. 말로서 재치 대결을 하다가 한 쪽이 밀리면 "생강은 역시 늙은 것이 맵다(장 하이쓰 라오더 볁

還是老的辣)"라며 물러난다.

가족이나 친척 또는 친구끼리의 모임에서도 역시 이런 식의 말장난으로 즐겁게 논다.

"무슨 바람이 불어 왔나?(선머 펑 바니 추이라이러 什麼風把你吹來了)"

"동북풍이지.(뚱베이 펑아 東北風啊)"

"듣자니 요즈음 장사가 잘된다며?"

"누가 그래? 서북풍 마시고 있는 걸.(허 시베이 펑너 喝西北風呢 - 굶고 있다는 표현)"

이렇게 주고받으며 대화는 슬슬 이어진다.

"공안국에 인맥 좀 없나?"

"평소에 향을 피우지 않더니 급하니까 부처님 다리 붙잡고 늘어지는군.(펑스 뿌 샤오쌍 지스 빠오 퍼지오 平時不燒香 急時抱佛脚)"

슬쩍 꼬집자 옆에 있던 사람이 나선다.

"내가 장 씨를 잘 알지."

별 볼일 없는 사람이 허풍을 떨자 다시 한 방이 날아간다.

"너야 장 씨를 알지만 장 씨는 너를 모를 걸."

이에 다른 사람도 농담반 진담반으로 거든다.

"서푼하고 두 무(畝-약 100평)되는 땅인데 누가 누구를 모른다고."

빤한 인맥과 실력으로 허세를 부린다며 비꼬는 말이다. 물론 적절치 못한 표현이거나 과하면 화가 나서 서로 다투기도 하지만 이런 식의 대화들이 계속 이어진다.

남자들이 모이면 여자에 대한 화제가 빠지지 않는 것은 중국인들도 비슷하다.

"여자는 그래도 예쁜 게 최고지."

"예쁘게 생긴 것은 총명한 것만 못하고, 총명한 것은 복이 있는 것만 못하지."

그러자 또 다른 한 남자가 말한다.

"문 앞 텃밭이지.(먼첸 쯔리우띠 門前自留地)"

그 말이 무슨 말인지 나만 알아듣지 못하자 주변 사람들은 다들 "하하! 그것도 몰라"하며 그 의미를 알려주었다.

"문 앞의 텃밭은 안전하잖아?"

즉 예쁘지 않은 부인은 나름대로 장점이 있으니 다른 남자가 넘보지 않는다는 의미의 '헐후어(歇後語)'로 표현한 농담이다.

그들은 불안하다는 말을 "할머니가 그네 타다"라고 하고, 일이 시원치 않다는 뜻으로 "할머니가 오줌 싸다"라고 표현하고, 필요 이상의 쓸데없는 하나마나한 헛일을 했을 때 "바지 벗고 방귀 뀌다"라고 말하기도 한다. 이런 표현법은 대중들이 즐겨 구사하는 '헐후어'인데 간결한 묘사와 해학적인 표현이 특징이다. 듣는 사람은 말의 뜻을 스스로 깨달아야 하기에 마치 수수께끼를 푸는 것과 같다.

속담俗談은 오랜 세월을 두고 일반 민중들의 경험에서 얻은 이치나 지혜를 재치 있게 함축한 창조적이고 심오한 구두어이고, 고사성어故事成語는 유구한 역사 속에서 일어난 수많은 사건이나 영웅호걸의 일화에서 유래된 말이 세월이 흐르는 동안 숙어화熟語化 된 것이다.

말은 어느 한 사람의 재치와 멋 그리고 총명함과 유머 등을 확인할 수 있는 종합예술이다. 그래서 중국인에게는 '말 잘하는 것이 곧 똑똑하다'란 인식도 있어 말 대결이 끝없이 이어진다.

중국인들은 이렇게 일상에서 고사성어나 속담 또는 헐후어 등으로 말을 유희로 삼기도 하고 상대를 설득하기도 한다. 공식적인 장소에서는 고사성어 한 마디나 시구를 인용하여 뜻을 내비치는 경우가 많다. 이런 중국인의 언어 표현법을 연구하여 외국의 주요 인사들도 변통하려 한다.

힐러리 클린튼은 중국을 방문하며 '산을 만나면 길을 트고 물을 만나면 다리를 놓다(펑산 카이 따오, 위스웨이 짜치오 逢山開道 遇水架橋)'라는 고사성어를 인용하였다.

거절의
화술

중국인들이 거절할 때, 질책할 때, 의견을 말할 때, 설득할 때의 표현은 더욱 복잡하고 아리송하다. 때로는 말을 직접적으로 하지 않고 상대가 스스로 깨닫게 하기도 한다.

소련에 억류를 당했다가 귀국한 청조의 마지막 황제 푸이(傅儀)는 평민의 신분으로 살아가야 했다. 일반 평민으로 살아가려면 직업을 가져야 했지만 황제로만 살아왔던 푸이는 일상의 모든 것을 궁녀들이 도와주었기에 스스로 할 수 있는 일이 거의 없었다. 특히 현대사회에서 써먹을 지식이나 기술이 없는 푸이에게 상징적 의미의 직업을 찾아 주는 게 중국 지도부에게는 상당히 곤혹스러운 일이었다.

한때는 마오쩌둥을 지도하는 위치에 있기도 하였던 저우언라이(周恩來)가 나섰다. 마치 사람을 상대하는 직업의 달인처럼 저우언라이는 푸이에게 교육, 설교, 훈계가 아닌 설득, 암시, 기 살리기에 치중하며 먼저 고급 일을 제안하였다.

"그런 어려운 일은 제가 감당할 능력이 없습니다."

아무 것도 할 줄 모르는 푸이가 그렇게 말하자, 저우언라이는 계속해서 한 단계씩 내려 마지막에는 공장에서 기계부품을 조립하는 단순노동을 제안하였는데, 그제야 푸이는 그 일에 자신감을 보이며 말했다.

"이 일은 저에게 맞습니다. 이 일을 해보겠습니다."

청나라의 마지막 황제였던 푸이에게 처음부터 공장 노동자로 일하도록 제안하였더라면 모멸감을 느껴 수락하기 어려웠을 것이다.

중국인들은 거절을 할 때, 의견을 말할 때, 질책할 때 어떤 형식으로 표현을 할까? 거절을 나타내는 방법에는 여러 가지가 있다. 침묵하기, 질질 끌기, 핑계 대기, 회피하기, 반문하기 등이다.

질문에 침묵할 때가 있는데, 대답이 없는 것도 대답이다. 침묵으로 노(No)를 대신하는 것이다. 어떤 일에 대해 거론할 때 응대하지 않거나 대답하지 않거나 태도를 표시하지 않는다. 그저 웃음으로 대체할 때가 있다. 침묵으로 자신의 태도를 드러낸 다음에야 다른 화제를 꺼낸다.

질질 끌기도 자주 볼 수 있다. 만약 입을 꾹 다무는 책략이 상대를 단념하게 하지 못하여 끊임없이 매달릴 때는 질질 끌기 작전을 쓴다. 진지하게 "현재는 시간이 없어 상세하게 이 문제를 얘기할 수 없다. 나중에 다시 시간 내서 연락하자." 이렇게 질질 끄는 방법으로 미지근한 태도를 표시하여 상대에게 냉정히 사고할 시간을 주어 깨닫게 하기 위함이다.

핑계 대기는 이런 이유, 저런 까닭을 대며 원하는 것에 대한 답을 피한다. 핑계를 여러 번 댈수록 확실한 거절을 의미한다. 그럼에도 불구하고 집요하게 매달린다면 상대의 체면을 봐주지 않고 단호하고 냉정한 태도를 보인다. 만약 상대가 여전히 깨닫지 못하고 며칠 후 다시 찾아오면 회피의 책략을 쓴다. 우선 핑계거리를 찾아 한 발 뒤로 물러서며 직접적으로 상대에게 부정적인 답을 주지 않지만 거절을 나타내는 답을 간접적으로 암시해 준다. 그래도 계속 끈질기게 매달리면 그때는 실상을 알린다.

"이 일은 정말로 손대기 어렵습니다. 나의 직책에 한계가 있습니다. 이 일에 손을 대면 처벌을 받게 됩니다."

또는 직접적으로 "당신 생각에는 이게 가능하다고 봅니까?"라고 되물으며 거절을 알린다.

콧대가 센 미국이 소련 포위망을 구축하려고 헨리 키신저에 이어 닉슨 대통령이 중국을 방문했을 때, 한 미국인 기자가 저우언라이에게 질문했다.

"우리 미국인은 머리를 들고 걷는데 중국인은 어째서 머리를 숙이고 걷습니까?"

그러자 저우언라이는 웃으면서 말했다.

"그게 그렇게 이상할 것 있습니까? 미국인은 내리막길을 걷고 있으니 당연히 머리를 들고 걸어야 하고 중국인은 오르막을 걷고 있기에 당연히 머리를 숙이고 걷는 것이지요."

그때나 지금이나 미국과 중국은 늘 대국으로 자존심 대결이 종종 있다. 미국인들이 은근히 우월감에 중국을 몇 수 아래라고 깔본다고 여겼던 중국인들은 총리의 말이 상대에게 면박을 주었다고 느겼다. 중국인들은 늘 점잖으면서도 호쾌한 저우언라이의 화술에 찬사를 아끼지 않았다.

의견을 말할 때는 말하는 방식과 기교의 문제로 서로 오해하여 얼굴을 붉히는 일이 종종 발생하기에 그들은 되도록 우선 상대를 인정하는 화법을 쓰고자 한다. 특히 상대가 직속상사이거나 손윗사람일 때는 반드시 인정부터 해 주는 화술을 택한다. 만약 그의 아이디어가 좋지 않으면 그의 안목을 인정해 주고, 그의 안목이 좋지 않으면 그의 원칙을 인정해 주고, 그의 원칙이 틀리면 적어도 그의 적극적인 태도를 인정해 주고, 아무튼 반드시 인정해 줄 부분을 찾아낸다. 이렇게 진정성과 성의 있는 태도로 상대의 신임을 얻은 다음 자신의 의견을 조심스럽게 에둘러 표현한다.

"당신의 안목은 정말 좋습니다. 그리고 아이디어도 훌륭합니다. 그런데…"

외국인 입장에서는 이런 표현이 긍정적인지 부정적인지 알아듣기 어렵다. 이런 형식적인 화술은 대학을 갓 졸업한 중국 젊은이들에게도 곤혹스럽기는 마찬가지이다. 막 대학을 졸업하고 연구기관에서 근무하는 한 친척 청년은 종종 문자를 보내 하소연을 하곤 한다.

"지금 중요한 회의를 하는 중이에요. 높은 사람들의 형식적이고 의례적인 말이 얼마나 장황하고 길고 지루한지 재미없어요. 잘했다는 건지, 잘못했다는 건지. 이게 여기 회의의 특징이에요."

젊은이들의 입장에서는 할 말과 용건만 간단명료하게 말하면 좋겠는데, 이렇게 저렇게 장황하게 말을 쏟아내지만 그 말의 내용이 찬성인지 반대인지 아리송한 화법에 적응이 잘 안 된다. 그렇지만 이 젊은 친구도 오래지 않아 윗분들과 비슷하게 동화되어 갈 것이다.

광저우 모 대학원 부원장이 한국을 찾았을 때 만난 적이 있었다. 부원장은 친척 청년에 대해 "아직 어리니까 너무 솔직해요. 많이 가르칠 겁니다"라고 했다. 있는 그대로 구김살 없이 솔직하게 생각을 드러내는 젊은 사람의 표현법을 자신처럼 관료주의식 화술로 고쳐주겠다는 의미다. 지금의 윗분들처럼 찬성인지 반대인지, 좋다는 말인지 나쁘다는 말인지, 질책의 말인지 종잡을 수 없이 말을 하게끔 가르친다는 것이다. 그게 원만한 표현 방법이니까 말이다.

건의를 할 때 역시 말의 기교를 소홀히 하지 않는다.

"인정해 주신 덕분에 여러모로 저에게 많은 영향을 미치게 했습니다. 링도우를 따르고 하다 보니 이런 힌트를 얻어 이번에 건의하는 것입니다."

"이번 아이디어는 아직 성숙되지도 않았을 뿐더러 독창적인 것이 아닙니다. 평소에 윗분의 의견을 메모로 남겼던 것을 참고로 한 것에 불과합니다."

이렇게 튀지 않고 자신의 건의나 의견을 말함으로써 모순되는 부분을 최소화하고 충돌과 적의를 줄이고자 한다. 이런 표현법에 대해 "너무 가식적이다." "너무 감추며 얘기한다." "너무 말이 많고 지루하다"라며 중국인들도 싫어하는 경우가 많다.

『추악한 중국인』의 저자 바이양(柏楊) 선생은 중국인의 이런 표현법을 병폐라 비판했다.

　이런 중국적 화술의 전통은 하루아침에 생긴 것이 아니라 오랜 역사를 거친 것으로 나름의 이유가 있다.

　집단문화의 영향이 가장 크겠지만 중국인들은 말과 글을 막았던 진시황의 분서갱유를 비롯한 여론 탄압과 크고 작은 전쟁들을 수도 없이 겪어왔고, 근래엔 문화혁명처럼 말 한 마디 잘못했다가 온갖 고초를 겪거나 심지어는 목숨까지 잃는 생생한 일들을 겪고 보아 왔다. 그런 험난한 세상에서 살아남기 위해 그들은 말조심을 할 수밖에 없었다. 자신의 의도가 곧장 드러나지 않도록 말하는 화법이 몸에 밴 것은 이런 역사적인 배경이 있었기 때문이기도 하다.

한국인과 다른,
표현의 차이

　어느 한·중 커플의 신혼집에 한국인인 남편 후배가 놀러왔다. 남편 후배는 저녁 늦게까지 밥을 먹고 술을 마시며 이야기를 나누다가 자정이 다 될 무렵에야 자리에서 일어섰다. 주인인 남편은 후배에게 "시간도 너무 늦었고 대중교통도 이용할 수 없으니 자고 가라"며 의례적인 인사말을 하였고, 손님 또한 늦었어도 돌아가야 한다며 사양했다. 그러자 중국인 아내가 다시 서툰 한국말로 만류했다.

　"괜찮아요. 너무 늦었는데 자고 가세요."

　"아~ 아닙니다. 가야 합니다."

　"진짜예요. 차 없어요."

　안주인이 나서서 다시 만류하자 손님도 "그럼 자고 가도 될까요?"라고 말하며 못이기는 척 주저앉았다.

　'아이쿠, 이게 아닌데…. 이를 어쩌지?'

　한·중 커플의 13평 짜리 신혼집은 거실 하나에 방 한 칸뿐이어서 후배는 거실에서 묵었고 다음날 아침에 식사까지 하고 돌아갔다. 남편은 후배가 돌아간 뒤에 아내에게 물어보았다.

"아니, 왜 가겠다는 사람을 굳이 자고 가라며 붙잡고 그랬어?"

"손님이 간다고 하면 주인은 당연히 만류해야 하는 게 예의이고 손님도 당연히 가야 하는 거지."

"헐~"

남편은 할 말을 잊었다. 한국인은 체면치레 인사로 한두 번 권해 보는 정도에서 그치고, 중국인은 좀 더 진지하고 적극적으로 권하는 차이가 있었던 것이다.

이처럼 한국인과 중국인이 교제를 하다 보면 표현의 차이를 느낄 수 있다. 중국인은 한국인과 교제를 하면서 종종 "한국인은 솔직하다(한궈런 스짜이 韓國人 實在)"라는 표현을 한다. 표현의 차이는 생활 곳곳에서 볼 수 있다.

"술 좋아하세요? 주량이 어떠세요?"

"네, 아주 좋아합니다. 소주 2~3병 정도예요." 또는 "저도 잘 몰라요. 아직 취해서 쓰러진 적이 없어서 정확한 주량을 잘 몰라요."

만약 중국에서 그렇게 똑같은 표현을 하면 술을 엄청 많이 마셔야 할 것이다.

한국인은 조직에서 어려운 일을 맡았을 때도 "할 수 있습니다. 해보겠습니다" 등 긍정적인 자세로 말하는 것을 열정이 높다고 평한다. 아랫사람이 "어렵습니다"든지 "안될 것 같습니다"라는 말에 "해 봤어?"라는 말을 입버릇처럼 했다는 현대그룹 창업자 고 정주

영 회장의 일화처럼 부정적인 말은 열정이 없는 것으로 비쳐질수 있는 분위기다. 중국인에게서는 반대되는 대화를 자주 들을수 있다.

"부자가 되었군요! 큰 사장님.(파 차이러 따 라오반 發財了! 大老板)"

"아이구! 천만에요. 아닙니다. 겨우 밥이나 먹고 사는 걸요.(아이요 날더화 哎喲 哪爾的話)"

"술을 잘 마시나요?"

"아니요, 잘 못 마셔요."

하지만 뒤에 서로 마음이 통해서 같이 술을 마시기 시작하면 못마신다는 사람이 술통이 따로 없는 경우를 흔히 볼 수 있다. 술판이 끝날 무렵 그의 주량을 보고 "주량이 대단하십니다(하이량 海量)"라고 치켜세우면 "천만에요(나리나리 哪里哪里)"라며 대답하기 일쑤다.

"골프를 잘 치시나요?"

"저는 할 줄 몰라요.(워 뿌후이 我不會)"

"노래를 잘 부르나요?"

"잘 못해요.(뿌싱 不行)"

하지만 노래 역시 노래방에 가면 깜짝 놀라게 되는 경우가 많다. 가수 뺨치는 솜씨로 불러서다.

카드나 마작은 또 어떤가 물어보면 역시 비슷하게 대답하기 일쑤이다.

"잘 치지 못해요.(다더 뿌하오 打得不好)"

그러나 처음엔 초보인 것처럼 하던 사람이 슬슬 분위기를 타면서 상 위에 있는 판돈을 진공청소기마냥 싹 쓸어갈 정도로 실력이 대단한 경우가 흔하다.

"이 문제를 좀 해결해 줄 수 있을까요?"하고 요청하면 "글쎄요. 어렵겠는데요. 한 번 알아나 보죠"라고 표현하는 게 일반적이다.

이렇게 중국인들은 있는 그대로 표현을 하지 않는 편이다. 자신의 장기나 실력을 더욱더 있는 그대로 솔직하게 드러내지 않는 것을 겸손한 자세라 여긴다.

중국인들은 전통적으로 집단 전체의 우의를 우선한다. 개인주의나 개성 그리고 자신의 장점이나 재주를 있는 그대로 드러내게 되면 그 집단 내에서 상당히 불리한 상황에 몰리기 쉽고, 왕따의 대상이 된다고 여긴다.

문화대혁명 때, 국가주석 류 샤오치(劉少奇)의 부인 왕광메이(王光美)의 사례를 들어 보자.

왕광메이는 뛰어난 미모에 지적이고 영어에 능통했다. 패션감각까지도 뛰어났다. 그녀는 멋을 낼 수 없는 처지에 있었던 당시 중국 여성들과는 달리 파마 머리에 치파오 차림 그리고 하이힐을 신고 외국을 방문하였고 늘 찬사를 받았다.

하지만 미모와 재능 그리고 패션감각 등의 장점들이 다른 사람의 시기와 질투, 왕따의 대상이 되는 줄 미처 생각지 못하고 적당히 감추지 않은 대가는 참혹했다. 결국 왕광메이는 하이힐을 목에 걸고 거리에서 홍위병에게 끌려 다니는 모욕을 당해야만 했고 그녀의 남편 류 샤오치는 구타와 고문으로 죽음을 맞았다.

중국인들은 '훌륭한 말은 다리에 달렸고 훌륭한 사람은 입에 달렸다'는 말을 금과옥조처럼 여긴다.

'교양 있는 사람은 경박한 이야기를 듣기 싫어하므로 추상적인 화제를 준비하고, 문화 수준이 낮은 사람은 심오한 이야기를 이해하지 못하므로 명확한 사례를 들어 대화하고, 성격이 급한 사람에게는 간략하고 명료하게 말하고, 완고한 사람에게는 상대의 취미를 화제로 삼아 분위기를 전환해 보라' 라는 말이 있다.

말의 중요성을 유난히 강조하는 중국인들이 상대의 이미지를 좌우하는 요소 중 하나로 꼽는 것이 바로 화술이다.

중국 여성들은 물론 남자들도 말로 유희를 즐기는 것으로 유명하다. 예로부터 중국 남자들은 말 잘하는 것을 능력이라고 생각하고 자랑으로 여긴다. 그래서인지 중국 남자들은 상대적으로 말을 많이 하고 술자리에서 술잔을 들고 건배사나 결혼식장에서 좌중을 뒤흔들고 폭소를 터트리게 하는, 전문 사회자와 견주어도 손색이 없는 사람들을 많이 볼 수 있다.

자전거를 타고 가거나 자동차 운전을 할 때 다른 사람과 충돌할 경우 곧바로 "눈이 멀었어?" 아니면 "탈 줄도 모르는 주제에 왜 자전거는 끌고 다녀?" 또는 "운전도 못하는 주제에 왜 차는 끌고 다녀?" 라는 험한 말이 튀어나오는 게 일반적이다. 그러나 북경 사람들은 종종 이렇게 말한다.

"어이쿠, 여기에서 자전거 연습을 하시면 어떻게 합니까?"

직설적으로 욕을 하지 않는 대신 짜증이 나는 마음을 빈정거림으로 푸는 식이다.

'예절을 아는 사람은 모두 안목이 있다' 라는 말이 있다. '안목이 있다' 라는 말은 어떤 일을 해야 하고 어떤 일은 하지를 말아야 하는지, 어떤 말을 해야 할지, 어떤 말을 가려야 할지를 잘 알고 있고, 어떤 말을 언제 해야 할지 아는 것을 말한다. 그 분별을 가릴 줄 아는 것은 사회 학문의 한 영역이라고도 한다.

chapter 4

중국인의
체면 놀이

친구가 많으면
길이 많다

'친구 한 명이 더 있으면 길이 하나 많아지는 것이고, 적이 한 명 더 있으면 벽이 하나 많아지는 것이다.'

중국인의 친구에 대한 중요성을 말해 주는 속담이다. 중국인은 평소 이 말을 자주하는 만큼 친구 사귀기를 상당히 중요하게 생각한다. 중국식 사회관계에서는 접대(츠칭 吃請)와 친구를 방문하는(저우친 팡유 走親訪友) 것으로부터 친구 사귀기가 시작된다. 함께 먹으면서 안면을 트고 정을 나누고, 서로 오고가며 더 가까워지는 과정을 거치면서 친구를 널리 사귀고 그런 다음 일을 논한다.

가구 원자재를 수입하는 중소기업 사장 및 직원 몇 명과 함께 식사를 할 때였다.

"지난번 중국 칭다오 거래처를 방문하였어요. 중국측 대표와 중요한 사람들만 만나는 줄 알았는데, 글쎄 깜짝 놀랐지 뭐예요."

"마치 1개 사단이 나온 것 같았죠?"

"중국인들은 원래 손님을 초대할 때 다른 친구들이랑 우르르 같이 나오나요?"

그들은 중국 거래처와 일을 하면서 중국인의 문화에 대해 상당히 의아해 하고 궁금하게 생각했다. 꼭 필요한 사람만 나올 것으로 예상했는데, 생각 외로 십여 명의 중국인들이 들이닥쳤으니 당황을 할 만도 했다. 그는 일일이 소개를 하고 명함을 나누고 함께 술을 마셨지만 여전히 이해가 되지 않는다고 했다.

중국인이 거래처 사람을 만나면서 관계 없는 친구를 우르르 대동하고 나와 그들을 소개하고 음식과 술을 나누는 건 먹는 것 이상의 목적이 있다. 중국인들에게 식사 자리는 단순히 함께 먹고 마시는 자리가 아니다.

관계도 없고 잘 알지도 못하는 사람들이 함께 나와서 식사를 하는, 예고 없이 모르는 사람을 대동하고 나오는 방식에 부정적인 시각을 보이면 중국인들은 이렇게 말한다.

"비즈니스에서 친구가 없으면 사업을 어떻게 하겠어요? 이런 기회를 통해 친구의 친구가 또 다른 친구가 되는 것이지요."

식사자리나 술자리가 곧 교제의 기회로 삼는 장으로 활용되다 보니 만남의 자리에는 핵심 인원만이 아니라 양측 모두 많은 사람을 대동하는 경우가 많다. 그 중에는 부하, 동료, 친구, 친척 등 다양한 직업과 신분이 섞여 있어 금방 작은 사회가 형성된다. 이런 자리를 통해 인적 관계망을 더 넓혀 인적 교류의 폭을 확대하고 정보를 교환하며 상호 도움으로 문제를 해결하고자 한다.

알리바바의 창업자 마윈(馬雲)은 처음 창업을 할 때 자금이 부족해 어려움을 겪고 있었다. 당시에는 인터넷에서 비즈니스 활동을 한다는 것에 대한 인식이 부족해 창업자금을 빌릴 때 선뜻 도와주는 사람이 없었다. 그때 그의 친구가 친구를 소개해 준다며 자리를 마련하였고 그가 식사자리에서 소개를 받은 사람은 일본의 유명한 한국계 투자자 손정의였다.

"술자리나 식사자리에서의 약속이나 꽌시를 믿을 수 있나요?"

"당연히 아니겠죠."

"그럼 왜 다들 식사자리와 술자리를 만들고 사람들을 떼거리로 데리고 와서 소개시키고 술과 음식을 먹으며 호언장담을 하고 허세를 부리며 만나야 하나요?"

술자리에서의 꽌시는 꽌시가 될 수도 있고 아닐 수도 있다. 약속 역시나 100퍼센트 다 믿을 수 없다. 인적 자원의 질과 격 또는 인연에 따라 달리 작용한다. '인연이 있으면 천 리 떨어져 있어도 만나게 되고 인연이 없으면 마주해도 모르는 사이가 된다'라는 속담처럼, 서로에게 필요한 사람이 되고 맞는 인연을 만날 수도 있겠다는 기대심리로 함께 모이기를 즐긴다.

중국에서 열차를 타보면 그들의 사교적인 기질을 더욱 잘 알 수 있다. 워낙 땅이 넓어 장시간 낯선 사람과 같은 자리에서 함께 시간을 보내다 보면 자연스럽게 말을 걸어온다. "어디까지 가나요?" "어디에서 사나요?"로 시작해서 마음이 통하면 먹거리를 나누어 먹고 "성이 어떻게 되십니까?(닌 꾸이 씽 您貴姓)"라며 서로 통성명까지 한다. 그러다가 직업이나 사업 얘기로 넘어가 공동관심사가 있으면 친구로 사귀거나 사업으로 인연이 이어지는 경우도 심심찮게 있다.

병원에서도 마찬가지로 오래 입원을 하게 되면 환자 사이나 병문안 오는 가족들과 친구를 사귀고 퇴원하고도 친한 관계로 인연이 이어지는 경우가 적지 않다. 환자 가족들과 의사와도 단순관계를 넘어 친구관계로 이어지는 일도 흔하다. 이렇게 인연이 만들어지는 데는 친구를 좋아하는 개방적인 사교기질 그리고 정과 꽌시를 중요시 하는 문화와 관련이 있다.

그러나 친구를 사귄다며 식사자리나 술자리에서 큰소리를 치고 호언장담한 사람이 그 약속을 이튿날 꼭 기억한다는 보장은 없다. 술기운과 흥겨운 분위기에 젖어 허세를 부리는 사람이 섞여 있기 마련이다. 멀쩡한 정신일 때 술자리의 얘기를 꺼내면 딴소리를 하기 일쑤다. "내가 언제 그런 말을 한 적이 있는가?" "민초인 내가 무슨 힘이 있겠어요?"라고 말하는 사람도 만날 수 있다.

중국인이 말하는 '친구(펑요우 朋友)'의 개념과 한국인의 친구란 개념에는 차이가 있다. 중국인은 적이 아니면 '펑요우'라는 단어를 붙이고, 우호적인 자세로 상대를 대하며 잠시 만나도 '펑요우'라는 표현을 쓴다. 한국인처럼 나이를 따져 형 아우하거나 언니 동생 하는 분위기가 아니라 모두가 펑요우가 될 수 있다. 어린아이는 샤오 펑요우(小朋友), 남자친구는 난 펑요우(男朋友), 여자친구는 뉘 펑요우(女朋友), 옛 친구는 라오 펑요우(老朋友)라고 한다. 시진핑 국가주석(62세)이 자신보다 나이가 많은 당시 대만의 국민당 명예주석 렌잔(連戰 78세)을 라오 펑요우(오랜 친구 老朋友)라고 부르는 것도 한 예다.

한국을 방문했던 중국의 왕이 외교부장도 한·중 외교장관회담에서 "제가 한국을 방문한 것은 가까운 친척집을 방문하고 가까운 친구를 방문해서 아름다운 청사진을 같이 그리며 협력을 같이 논의

하기 위한 것"이라고 말했다.

중국인의 '펑요우(朋友)'란, 베이징 올림픽 때처럼 70억 세계 인구가 서로 '손~에 손~ 잡고' 노래 부르는 사이라면 모두 친구라 부를 정도의 그런 의미다. 한국인이 말하는 친구는 속마음을 나눌 수 있는 가까운 사이의 상대, 즉 지기를 가리키는 고정적인 성격이 더 짙고, 중국인이 말하는 친구는 우호적인 의미로 유동적인 성격이 더 짙다고 할 수 있다.

정치인들이 말하는 친구는 더욱 의례적인 경우가 많다.

"양국 지도자는 정상회담에서 서로 솔직하게 이야기를 나눴다. 양측은 매우 우호적인 분위기에서 깊은 의견을 교환했으며 회담은 건설적이고 유익했다."

하지만 그 속을 들여다보면 두 나라 정상이 어떤 현안에 대해 어떤 성과를 도출하였는지 알 길 없어, 진지한 표정과 엄숙한 말투의 대변인의 말 속에 담긴 말을 유추해 볼 수밖에 없다. 즉 '솔직한 대화였다'라는 뜻은 양측이 속마음을 털어놓고 이야기를 나누었고 각자 상대방의 입장을 이해했다는 뜻이다. 그러나 상충되는 입장을 이해하는 것과 일정 부분을 서로가 양해하고 합의점을 찾았다는 게 아니고 엇갈리는 부분은 여전히 존재한다는 의미다.

또한 애초부터 '파괴적인 회담'은 있을 리 없으며 '유익한 회담'이라는 것도 '양측이 구체적인 성과는 거두지 못했지만 양측이 한 곳에 앉아서 얘기할 수 있다는 것 자체는 좋은 일이다'라는 수사에 불과하다. 즉 친한 친구 사이에 에둘러 말하여 무슨 말을 나누었는지 어리둥절할 리 없는 것처럼 국제사회에서의 우호란 의미는 상황의 변화에 따라 언제든 우호적일 수도 우호적이지 않을 수도 있다는 함축이다.

어쨌거나 중국인들은 잠시만 만나도 친구요, 친구의 친구도 친구요, 동료의 친구도 친구다. 친구란 말을 즐겨 쓰며 친구를 두루두루 만들어 놓는 것을 좋아하는 것은 분명하다.

그러나 유유상종이라는 말이 중국인이라고 예외일 리는 없다. 중국의 유명인사 또는 권력자나 기업가를 만나 함께 술자리에서 하는 친구란 말에 그다지 흥분할 것까지는 없다. 진정한 친구 사이로 발전하기까지는 많은 시간과 신뢰가 쌓여야 할 것이다.

인정을 베푸는 것은
저축

　친구에게 기쁜 일이 생기면 기꺼이 기쁨을 함께 하고 친구에게 슬픈 일이 생기면 같이 슬픔을 함께 나누는 것이 중국인들이 인정을 주고받는, 처세의 방식이자 도리이다.

　'훙바이 시쓰(紅白喜事)'라고 해서 '훙'은 결혼식과 같은 좋은 일이고 '백'은 장례식을 의미한다. 일이 있을 때는 물론이고 아프거나 우환이 생기면 친인척이며 친구 또는 지인들이 정성을 다해 돕는게 인정을 표현하는 방식이다. 중국인은 정이나 의리를 매우 중시한다.　중국인들의 인정거래 방식은 결혼식과 같은 좋은 일이나 장례식에서 잘 드러나지만 중국의 독특한 인정거래는 병원에서 잘 드러난다.

　기본적으로 아기 출산하거나 크고 작은 수술을 받을 때면 먼저 수술을 담당하는 의사는 물론 마취의사, 수술을 돕는 의사에게까지 현금을 건네며 사례를 한다. 사례비는 환자 가족의 경제적 여건에 따라 차이가 있다. 일반적으로 1,000위안(한화 약 16만 5000원)이나 2,000

위안 선인데, 사회적 지위가 높거나 부자들의 경우 또는 생명이 왔다 갔다 하는 대수술일 때에는 5,000위안 또는 특별히 많게는 만 단위로 건네는 경우도 있다고 한다.

병원측에서는 의료진들이 환자의 가족들로부터 사례를 받는 것을 금지하지만 이런 관행은 계속 이어지고 있다. 듣기로는 의사들의 월급보다 환자 가족들이 건네는 촌지가 더 많다고도 한다. 어쨌거나 환자를 위해 최선을 다해주길 바라는 가족의 간절한 마음을 사례금으로 부탁하는 것이다. 원칙을 지킨다며 끝까지 받지 않는 의사도 있지만 대체적으로 사례금을 준비하고, 사례금을 받는 게 관행처럼 되어 있다. 돈 봉투를 준비하지 않았다가 세상물정 모르는, 눈치가 무딘 사람으로 보이면 일을 원만하게 처리할 수 없다고 생각한다.

아무튼 유난히 인정거래를 중시하는 것이 중국인의 특징이다. 관공서에서도 그렇다. 어디까지가 인정이고 어디까지가 향응이고 뇌물인지가 애매하다. 그러니 병원의 원칙은 원칙이고 인정은 인정인 만큼 알아서 적당히 융통성 있게 행동해야 처세를 잘하는 것이 된다.

엄격한 법치를 앞세우는 서양과는 달리 중국이란 문화권에서는 인정과 청탁이 오가는 걸 인위적으로 막기 어렵다. 때문에 곧이곧대로 처신하면 "고지식하다(쓰싱 死性)"라는 소리를 듣거나 일처리를 잘하지 못하는 것이 되고 만다.

어머니가 위독하여 수술을 받게 되었을 때였다. 수술을 담당하는 원장을 비롯한 의사며 마취의에게까지 천 단위의 현금을 사례비로 전했다. 문병을 오는 손님들 역시 친인척은 1,000위안, 어머니와 아버지의 친구들은 50위안~100위안, 오빠 친구들은 200위안~500위안, 이웃은 100~200위안 정도를 부조했다. 봉투같은 것은 따로 없었다. 가깝게 지낸 사람은 입원을 했다고, 수술을 한다고, 퇴원을 하였다고, 그때마다 돈을 주기도 하였다.

대학을 졸업한 직장인의 평균 월급 초임이 3,000위안 정도인 걸 감안하면 많게는 3/1을 부조하는 격이다. 상당히 부담스러운 금액이다. 하지만 형편이 어렵던 개혁개방 이전에도 그러했던 것처럼 통큰 부조문화는 지금도 이어진다. 돈을 얼마나 내느냐를 마음의 표시라고 여기니 부담스럽지만 누구도 피할 수는 없다. 이는 호방한 성격인 북방 지역의 사례이지만 일반적으로 중국에서의 부조는 항상 지나칠 정도로 내는 게 관례다. 물론 남방의 상해나 변방의 경우에 차이가 다소 있을 수 있지만 액수의 차이나 빈도의 차이는 있을 수 있어도 습관이나 관례는 대동소이하다. 보통 5만 원 또는 10만 원인 한국의 부조를 보고 중국인 입장에서는 '너무 적지 않은가?' 라며 의아하게 생각한다. 실제로 한국의 부조가 적합하고 합리적인데도 말이다.

처음 문병을 온 다음 두번째, 세번째 수시로 방문할 때도 빈손으로 오지 않는다. 돈이나 과일, 물고기, 토종닭 또는 꿩 등 구하기 어려운 온갖 귀한 보양식을 들고 와서 수시로 정성을 보이고자 한다. 이런 관습을 가진 중국인들이라 문병인들이 단체로 방문하는 통에 병원 입원실과 복도는 늘 장터를 방불케 한다.

진심어린 걱정과 위로의 전화 또한 끊이지 않는다. 그렇게 정과 의리를 비축해 두었다가 후일 마음의 빚을 품앗이처럼 갚는다. 그러므로 어떤 일을 당했을 때에는 여기 저기서 도움의 손길을 보내주어 서로 의지가 되고 언제나 혼자가 아니라는 느낌을 가지게 된다.

인정거래의 법칙은 보답이다. 은혜를 받은 사람은 적당한 시기와 상황에서 보답을 잊지 않는다. 그러나 은혜를 갚지 않아도 배은망덕이 되지만 베풀었더라도 생색을 내거나 상기시키거나 보답을 바라는 마음을 내비치면 인정을 베풀지 않는 것보다 못하게 된다. 이렇게 인정은 모두 좋은 것이지만 지나치게 의존하게 되면 섭섭할 때가 있고 부담스러운 일이 생기기도 한다. 때로는 자신은 인정을 많이 베풀었는데 상대는 내 마음과 달리 갚는 데 소홀하면 관계가 소원해지는 경우도 생긴다. 인정은 너무 없어도 안 되고 과하지도 않은 것을 합격(合格)이라고 하는데, 아직까지 중국인의 인정거래 방식은 거창하고 요란한 단계에 있다.

인정거래를 잘하는 사람의 특징에 대해 샤먼대학교 이중톈 교수는 이렇게 정리했다.

첫째 ; 밖에 나가면 하늘을 보고 안에 들어오면 사람의 안색을 살핀다.

둘째 ; 뜻밖의 기쁨을 안겨주어 상대를 즐겁게 해주거나 완전히 감탄하게 만들 정도로 정성을 기울인다.

셋째 ; 내색하지 않고, 큰일을 간단하게 처리하고, 사후에도 자랑하지 않고, 생색내지 않으며 상기시키지 않는다. 이해관계를 따지지 않고 오히려 스스로 조금 손해를 보거나 작은 것은 양보한다.

첫 번째는 대부분의 사람들이 잘하고 두 번째도 잘하는 사람이 꽤 있지만 세 번째까지 잘하는 경지에 오른 사람은 많지 않다.

'인정'이라고 하면 한국인도 중국인과 막상막하를 다툰다. 중국인과 한국인이 인정을 중요하게 여기는 것은 공통점이지만 나누는 방식과 스케일 그리고 그 빈도에서는 차이가 난다. 중국인은 스케일이 크고 요란하게, 오래 교제하려는 심리에서 의리를 중요하게 여기는 분위기가 있다. 물론 같은 중국인일지라도 1급 도시, 2급 도시, 3급 도시 그리고 중소도시와 시골 또는 남방 지역과 북방 지역의 차이가 크다. 한국도 서울과 지방 또는 중소 도시나 시골의 정 문화에 차이가 있는 것처럼 같은 대도시라도 베이징과 상하이가 다르고 도시와 농촌을 비교하면 확연하게 차이가 난다.

상대적으로 북방 지역 그리고 시골이나 중소 도시처럼 경쟁이 덜 치열할수록 인정이 많이 남아 있고 인정 교류도 빈번한 공통점이 있다. 인정 왕래를 거창하게 하는 편인 중국인이지만 상하이 등 경제도시는 인정 교류가 상대적으로 약하다. 또한 경제가 급속도로 발전하고 도시로의 이동이 많아지면서 전반적으로 인정거래가 약해지는 현상은 피할 수 없다.

그러나 그들은 가난하거나 없을 때는 약세이기 때문에 서로 필요에 의해 믿고 의지하고자 하고, 성공하여 힘이 있을 때에도 서로 윈-윈 하고 도우며 큰일을 도모하고자 한다. 집단문화와 정과 의리에 대한 관념의 뿌리가 깊고 어려울 때 서로 돕고 의지하는 시너지 효과는 상당하다.

세계 각국에서 활발하게 활약하고 있는 화교華僑라든가 화상華商

들의 처세 방식도 크게 다르지 않다. 고향을 떠나 망망대해에서 맨 주먹에 가방끈이 짧은 초등학교 학력이 고작인 많은 화교들은 동향 사람끼리의 정과 의리로 똘똘 뭉쳐 서로 돕고 의지하며 해외에 뿌리를 내려 자수성가했다. 그들은 성공 후에도 서로 손잡고 도우며 위기가 닥칠 때에 힘과 지혜를 모으는 인정 왕래와 처세로 굳건히 살아남았다. 척박한 환경 및 현지인들의 배척과 국가 정책적인 차별에도 불구하고 동남아의 태국, 말레이시아, 인도네시아 등에서 화교와 화상들이 번성하는 이유다.

멘즈에 살고
멘즈에 죽다

중국인이 목숨처럼 여기는 멘즈(面子)란 체면을 말한다. 상대의 체면을 얼마만큼 세워주고 상대를 어느 정도로 존중해 주는가 하는 것은 중국 사회에서 누구나 고민하는 체면놀이의 숨은 규칙이다.

체면은 다른 사람에게 보여지는 것이자 보여주는 것으로 교제에서의 신용과 자본이다. 체면이 있는 사람이 바로 능력이 있는 사람이고 체면이 크면 본전이 많은 것이다. '중국인의 체면은 제도보다 크고, 인정은 법보다 크다. 법도는 체면놀이의 기본이다. 중국인의 법도를 모르고 체면놀이에 끼일 수 없는 것이 중국 특색의 체면 규칙이다'라고도 한다.

　– 죽어도 체면을 원한다.(쓰요우 멘즈 死要面子)

　– 체면이 없다.(메이유 멘즈 沒有面子)

　– 체면을 주세요.(게이 멘즈 給面子)

　– 체면을 남겨 달라.(류우 멘즈 留面子)

　– 체면을 잃다.(띠우 멘즈 丟面子)

- 체면을 다투다.(쩡 멘즈 爭面子)

　중국인들은 체면과 연관된 말을 달고 산다. 그만큼 체면은 중국인들에게 한 사람의 일상을 지배하는 절대적인 것이다. 체면이 없는 것은 얼굴이 없는 것이다. 체면이 없으면 나무에 껍질이 없는 것과 같아 살아갈 수 없다고 생각한다. 자신의 체면은 물론 타인의 체면을 고려하지 않으면 사회에서 교제하기 어렵고 일을 같이 도모하기 어렵다고 여긴다. 신분이 높은 사람이든 일반인이든 체면에 연연하는 것에는 별반 차이가 없다. '참새는 작아도 오장육부는 다 있다'

　한국 기업인과 함께 베이징 공항에 도착했을 때였다. 입국 세관 검사를 받고자 대기하고 있었는데, 동행한 베이징 현지의 지인은 공항 검색대를 통과하지 않고 직원용 통로로 안내하겠다며 출입국 직원을 찾고 난리법석을 떨었다. 하지만 동행한 일행 중 한 사람이 짐 때문에 제일 뒤에 나오면서 일찍 나온 일행들도 결과적으로는 아무런 소용도 없는 헛일이 되고 말았다. 설령 일찍 나온다 하더라도 불과 몇 십 분 정도의 차이가 날 뿐 별 의미가 없는 데도 말이다. 이처럼 자신의 체면을 세우고 친구의 체면을 세워주려고 수고로움을 자처하는 사람을 중국에서는 어렵지 않게 볼 수 있다.

　중국인이 목숨만큼 체면을 지키려는 건 유난히 집단의식이 강하기 때문이라 한다. 중국어의 "미안합니다"라는 말을 '뚜에뿌치(對不起)'라고 하는데 이 말의 유래도 역시 체면과 관련이 있다.

　당신의 체면은 너무 대단하고 나의 체면은 너무 하찮아 마주할 수 없어 미안하다는 것이다. 따라서 체면의 크기가 서로 비슷한 사람들끼리만 서로 얼굴을 마주할 수 있다는 의미이며, 체면이 지나치게 크거나 지나치게 작으면 모두 부담스럽고 오해와 모순이 생길수 있어 민감하다. 체면은 곧 존엄을 의미하기에 체면 때문에 얼굴을 붉히고 체면 때문에 충돌도 생기는 것이다. 체면에 이토록 연연하다 보니 다른 것은 몰라도 체면을 손상시키면 큰일이 난다. 체면 손상에서 대표적인 감정은 소외당했다는 느낌이다.

노신(루쉰 魯迅) 선생의 글 중에 이런 이야기가 있다.

'어느 한 사람이 친지의 장례식에 문상을 갔는데, 가문에 속한다는 의미인 친지들이 두르는 흰 띠(白孝)를 몸에 두르지 못하게 되었다. 그러자 자신의 체면이 손상되었다고 느낀 그는 외부 사람들을 불러 판을 엎어버렸고, 장례식은 순식간에 피가 튀는 전쟁터가 되어 큰 화제가 되었다.'

이처럼 체면을 봐주지 않는 걸 중국인들은 가장 무례하고 치욕적인 것이라고 여긴다.

체면이 있는지, 체면의 크기가 어느 정도인지 보는 방법으로 우선 상대의 자세와 기색을 살핀다. 명조 때의 북경 첸먼(前門) 일대에는 관료들에게만 옷을 만들어주는 재봉사가 있었다. 그는 옷을 맞추기 전에 관직에 오른 지 얼마나 되었는지부터 물어 보았단다. 그 재봉사는 처음 관직에 오르면 가슴을 내밀고 잘난 척 우쭐하는 자세여서 앞자락은 길게 뒤는 짧게 치수를 재어 옷을 만들었다는데, 이는 일반인에서 관리가 되었다는 자부심이 넘쳐 체면을 드러내는 심리라고 하였다.

그러나 관리가 되고 1, 2년을 넘기 시작하면 마음이 가라앉고 기운이 온화해져 앞뒤가 비슷하게 되고, 몇 년이 더 지나면 관복의 앞자락은 짧게 뒤는 길게 된다고 했다. 이때 쯤 되면 체면을 볼 줄 알고 상사 앞에서 몸을 숙이고 더 높은 자리를 향하는 단계란다.

허리를 꼿꼿이 하고 다른 사람의 체면을 보지 않는 것은 '자고자대自高自大하여 안하무인이다'는 오해를 받을 수 있다. 자신보다 체면이 큰 사람에게는 당연히 몸을 숙여야 하겠지만 자신보다 체면이 작은 사람이라 하여 허리를 꼿꼿이 펴는 것도 세 번 생각해야 한다는 것이다. 자칫 잘난 척 한다는 비난을 받을 수 있기 때문이다.

자만하지도 않고 비굴하지도 굽실거리지도 않으며 자연스러운 자세가 성숙한 단계의 진입을 의미한다. 득의양양得意洋洋, 자고자대自高自大, 인중에 사람이 없다(目中無人) 등의 고사성어에서도 체면에 따른 자세와 기색을 많이 관찰하는 중국인들의 심리를 엿볼 수 있다.

체면놀이의 규칙은 주연은 '주연다워야 하고 조연은 조연다워야 한다는 것이다. 주연이 조연같으면 체면이 없는 것이고, 조연이 주연 자리를 뺏는 것은 반칙이며, 주연이 조연에게 역할을 양보하면 체면을 봐주는 것이 된다'고 한다. 체면을 봐주는 것을 감지하고 사양하며 양보하는 것 또한 예의다. 체면의 크기와 배역에 맞게 처신하는 것이 규칙을 잘 지키는 것이며 자신의 체면을 지키는 동시에 상대의 체면도 봐주어야 예의가 있는 것이다. 그것은 곧 규칙을 아는 것(둥 꾸이쥐 懂規矩)이 된다.

체면놀이에서 신분, 직함, 명성, 재력, 실력 등은 모두 체면의 조건이 된다. 체면놀이 격식에는 치켜세우기(타이 쥐 抬擧)가 있는데, 자신과 비슷한 지위나 신분의 상대방을 높이는 것은 상대를 높이는 동시에 자신도 높이는 체면놀이인 것이다. 하지만 상대의 치켜세우기에 취해 방종하게 되면 '치켜세움을 모르다'(뿌쓰 타이쥐 不識抬擧), 즉 체면의 규칙을 모르는 무례한 사람으로 분류된다.

직함은 체면놀이에서 유리한 우위에 설 수 있는 조건이기에 외부나 외국에 나가게 되면 직위를 한 단계 높여 일반 직원은 과장, 과장은 차장, 차장은 부장이라는 직함을 쓰는 경우가 간혹 있다. 직함을 부풀려 상대측과 마주했을 때 기세에 밀리지 않고 얕보이거나 무시당하지 않고 상대보다 우위에 서려는 체면주의 심리가 깔려 있다. 부시장의 부富자를 빼고 시장님이라 호칭해 줌으로써 상대방의 체면을 세워주는 것과는 또 다른 자신의 체면을 스스로 올리려는 체면주의의 허상이다.

한국에 '냉수 마시고 이쑤시다'라는 체면 차리려 허세를 부린다는 속담이 있는 것처럼 중국에서도 얼굴을 때려서라도 뚱뚱하게 보이게 한다(다롄 충 팡즈 打臉充胖子)라는 말이 있을 정도로 언제 어디에서든 체면은 중국인들이 목숨과 비슷하게 여길 만큼 중요하다.

그럴 수밖에 없는 것이 집단주의 문화가 깊게 뿌리를 내린 중국인들에게 체면이 없으면 존재의 가치가 훼손되는 것이나 마찬가지기 때문이다. 외국인들이 보기에 남루한 차림의 도시 하층민들 또는 하루 막노동으로 생계를 유지하며 머리도 감지 않은 사람일지라도 그들 역시 체면을 중요하게 생각하고 체면이 손상되면 갑자기 순한 양에서 사자로 돌변하는 모습을 볼 수 있다.

그들도 외형에 대한 체면 의식이 없을 뿐, 체면을 중요하게 여기지 않거나 체면 의식이 없다는 것은 아니다. 다만 체면을 따지는 부분과 형식이 다를 뿐이다. 가령 그들의 민감한 부분인 역린을 건드리는, 자존심을 상하게 하는 자세나 태도는 곧 체면을 밟는 행위로 간주된다.

아무튼 체면놀이는 한국인이든 중국인이든 언제나 자신의 실제 얼굴보다 크게 연기하는 색채가 짙다는 특징은 마찬가지다.

멘즈를 세워주면 친구,
멘즈를 깎으면 원수

"세일 기간을 1주일만 주세요. 그것도 안 되면 3일만이라도 주세
요."

"몇 번 말해야 알아듣나? 세일 기간은 이미 끝났다니까."

"형님, 제발…."

손님이 무릎을 꿇고 다시 간청한다. 그리고, "다행히 맥도날드는
365일 세일을 합니다"라는 멘트가 흘러나온다.

이것은 몇 년 전 맥도날드 햄버거가 중국에서 내보낸 텔레비전
광고다. 이 광고로 맥도날드 햄버거는 큰 곤욕을 치렀다. 손님들이
패스트푸드인 맥도널드 햄버거를 싸게 사먹겠다고 무릎을 꿇는 장
면이 중국인들의 감정을 상하게 했던 것이다.

타인에게 너무 신경을 쓰는 것도 좋지는 않지만 너무 신경을 쓰
지 않으면 때론 치명적인 불상사를 불러온다. 중국인들은 신과 조
상 또는 부모에게만 무릎을 꿇는 관념이 있다. 그러니 손님이 구걸
하듯이 무릎을 꿇는 장면을 보고 중국인의 자존심이 훼손당했다고

느낀 것이다.

더구나 맥도널드가 중국과 기싸움을 피할 수 없는 초강국 미국의 간판급 브랜드라는 점이 민족감정을 더욱 자극해 속이 더 뒤틀렸을 것이다. KFC도 무료로 치킨 도시락을 나누어 주다가 중국인을 거지 취급한다는 빗발치는 항의에 그 즉시 이벤트를 중지하였던 적이 있다. 이렇듯 중국인들은 먹는 것에서부터 체면을 엄청나게 따진다.

중국인의 체면을 무시하는 듯한 일본 자동차 광고도 중국 대륙을 들끓게 했었다. 질주하는 일본 도요타 자동차 '프라도' 옆에 늘어선 노구교盧構橋의 돌사자들이 공손히 절하는 장면에 '프라도, 당신을 존경하지 않으면 안 돼!'라는 문구를 담은 TV 광고가 방영되었다. 일본은 존엄과 권위를 상징하는 돌사자가 세워진 노구교에서 사변을 일으키며 북경을 침공함으로써 중일전쟁을 도발했었다. 그 노구교의 돌사자들이 일본 자동차 '프라도'를 향해 절하는 장면에 묵묵히 참을 중국인이 아니었다.

또한 일본제가 최고라는 광고물은 또한 너무 자극적이고 오만한 표현이자 중국인을 우습게 보는 것이라는 비난도 쏟아졌다. 결국 도요타는 소비자들에게 공개사과하고 TV 광고를 폐지했다.

이런 사례는 자존심과 체면을 목숨보다 중시하는 중국의 문화를 이해하지 못했기 때문이었다. 이와는 달리 한국 현대자동차는 다른 외국 자동차 회사들이 구식 모델을 중국에 가져간 것과는 대조적으로 최신 모델을 가지고 가서 좋은 반응을 얻었으며, 그로 인하여 중국정부 또는 중국인들로부터 사랑을 받고 신뢰를 얻어 실리를 얼었다. 자존심, 체면의식이 강한 중국인의 문화를 이해한 한국 기업이 중국인의 마음을 움직인 좋은 사례라고 할 수 있다.

춘추시대에도 체면과 연관된 흥미 있는 이야기가 있다.

송나라와 정나라 간에 전쟁이 터졌을 때, 결전 전날 송나라의 장수 화원은 군사들의 사기를 돋우기 위해 특별히 양고기를 배식했다. 그런데 화원의 전거(전차)를 모는 병사에게는 배식이 주어지지 않았다. 화원은 자신의 전거를 모는 병사는 전투와 직접 연관이 없으니 고기를 먹일 필요가 없다고 여겨 소홀히 대했던 것이다.

이튿날 두 나라 군대의 싸움이 시작되었고 화원은 병사가 모는 전거 위에서 지휘를 하며 정나라 병력이 산개한 우측으로 전거를 움직이라고 명령했다. 그러나 병사는 "어제 배식을 할 때는 장군님 마음대로였지만 오늘은 제 마음대로입니다"라고 말하며 명령과는 반대로 적의 병력이 밀집해 있는 좌측으로 전거를 몰았다. 결국 화원은 정나라 군대에 사로 잡혔고 송나라 군대는 전투에서 대패하고 말았다. 아랫사람의 체면을 배려하지 않은 참담한 결과였다.

이런 사례로부터 중국인의 의식세계에서 자존심과 체면의식이 얼마나 뿌리 깊고 중요한 자리를 차지하고 있는지 알 수 있다. 그들의 자존심과 체면을 이해하고 배려하는 척도에 따라 사업의 흥망을 결정하는 요소로 작용하기도 한다.

체면을 손상시킨다고 오해를 받을 수 있는 것은 어떤 것이 있을까?

- 오만한 기색과 언행을 드러내는 것
- 자극적인 표현과 과한 자신감을 드러내는 것

- 너무 흔한 음식이나 물건을 가볍게 주는 것
- 유행이 지난 것을 주는 것
- 인색하게 주는 것
- 자신의 체면을 우선시 하여 생색을 내며 주는 것
- 상대의 체면을 배려하지 않고 소홀하게 대하는 것
- 상대를 소외시키는 것 등

체면을 따지는 척도가 개개인의 개성과 가치관이나 지역에 따라 조금씩 다르기는 하지만 기분에 취해 자신만의 체면에만 연연하느라 상대의 기분을 배려하지 않는 오만한 언행과 태도는 민감하게 감지한다. 중국인들은 과한 자신감을 오만함으로 받아들이는 경우가 많아 되도록 태도와 기색을 조심하고자 한다.

사회 모임에서는 언제나 촉각을 곤두세우고 자신을 함부로 대하지 않는지 어느 정도로 존중하는지 신경을 쓴다. 특히 베이징을 비롯한 북방 지역에서 체면에 더욱 연연한다.

중국인들은 자존심과 체면이 손상당했다고 느끼면 관계가 끊어지는 것은 물론 원수가 되는 일도 흔하다. 또한 가장 어려울 때 도와준 사람과 가장 어려울 때 무시하고 자존심을 손상시킨 사람은 영원히 잊지 않고 힘을 키워 때를 기다린다. 냇가에서 빨래하던 아낙네가 준 주먹밥으로 배고픔을 달랜 한신韓信이 훗날 금의환향하면서 친인척들보다 그 아낙네를 가장 먼저 찾아가 은혜를 톡톡히 갚은 게 가장 대표적인 예다.

오늘날의 국가 행사에서도 상대국과의 관계 그리고 개인적인 친분을 고려해 체면을 어느 정도 세워주고 배려해 줄지 치밀하게 계산하고 준비하며 다르게 대해주는 것을 볼 수 있다. 중국이 북한을 대하는 태도는 김정일 시대 때부터 날이 갈수록 달라지고 있는데, 일반 중국인들 또한 북한 지도자 김정은을 김씨네 셋째 뚱뚱이(찐산팡 金三胖)라고 조롱하는 정도다.

중국과 북한의 사이가 멀어진 것은 평안남도에 있는 '중국인민지원군열사릉'의 풍경을 보면 잘 알 수 있다. 하얀 대리석 돌(또는 시멘트를 바른 후 페인트칠 한 것 같은)로 둥그렇게 둘러쳐진 묘소 수 백 기가 소나무 아래에 흩어져 있는데, 잔디가 잘 자라지 않아 한눈에 제대로 관리되고 있지 않다는 것을 보여준다. '중국인민지원군열사릉'은 중·조中朝 우의의 상징이라는 마오안잉(毛岸英)의 묘소를 비롯해 한국전쟁에 참전했다가 전사한 중국군의 유해가 묻혀 있는 곳이다. 마오안잉은 마오쩌둥의 장남으로 한국전쟁에 참가하였다가 미군기의 폭격으로 사망한 후 '중국인민지원군열사릉'에 묻혔다.

중국과 북한의 사이가 벌어지자 총리로 있던 원자바오는 '중국인민지원군열사릉'을 찾아 헌화하고 기자들에게 '그들이 있어 오늘의 중국이 있다는 걸 잊지 말아야 한다'고 말했다. 원자바오의 발언을 보도하는 CCTV가 전하고자 했던 메시지는, 한국전쟁에서 사망하거나 부상당한 수 십 만의 중국군이 있어 오늘의 북한이 있다는 자긍심과 함께 그에 상응해서 중국의 체면을 세워달라는 무언의 요구가 아닐까 싶다.

각 나라의 정상이 중국을 방문할 때마다 중국 최고지도자의 태도와 표정은 같지 않다. 시진핑 국가주석은 중국을 방문한 한국의 박근혜 대통령을 영접할 때, 직접 인민대회당 계단 아래로 미리 마중을 나와 대기하고 있었다. 이것은 전례가 없는 파격이었다. 국가주석 시진핑의 박근혜 대통령에 대한 극진한 예우는 한국과 한국인의 체면을 매우 중요하게 여긴다는 제스처로 해석할 수 있다.

chapter 5

알면 알수록
복잡한 꽌시

꽌시는
통행증

한국인들이 중국인에 대해 가장 궁금하게 생각하는 것 중 하나가 꽌시문화다. "꽌시가 있으면 안 될 것도 되고, 꽌시가 없으면 되는 일도 안 된다는 곳이 중국"이라는 말이 있을 정도다.

꽌시란 말이 널리 쓰이기 시작된 것은 문화혁명 시기부터라고 한다. 마오쩌둥의 선동으로 10대 홍위병들이 당·정·군의 원로들과 지식인들을 학대하고 처형하는 대혼란을 일으켰을 때, 목숨을 걸고 이들을 옹호하는 사람에게 홍위병들이 "너는 이 반동과 무슨 관계냐(썬머 꽌시什麼關係)?"라고 추궁하면서 꽌시란 말이 퍼졌다고도 한다.

꽌시는 인정과 인연 그리고 일정한 체면이라는 것이 당사자들 간에 상승작용을 일으켜 더욱 굳건한 인간관계를 형성하고 이를 중요하게 여기는 중국적 문화현상의 한 부분이라고 말할 수 있다.

그렇다면 중국인들이 입에 달고 살다시피 하는 이 꽌시가 한국의 인맥 혹은 연줄과는 어떻게 다를까? 분명한 것은 매우 유사하기는 하지만 근본적으로 다르다는 것이다.

꽌시(關係)란 한자漢字의 뜻대로 관계를 말한다. 가족관계, 친인척관계, 학연관계, 동향관계, 동문관계, 전우관계, 비즈니스관계 등 혈연관계부터 이해관계가 얽힌 사회관계까지 모두 꽌시의 범주에 속한다. 즉 사회적 인적 네트워크를 가리킨다.

여기까지는 한국의 인맥과 차이가 없다. 다만 중국인의 인맥에 대한 인식과 문화적 특성 그리고 그들의 꽌시가 형성되는 방식과 꽌시를 관리하고 활용하는 데에서는 큰 차이가 있다. 우선 중국인 꽌시의 문화적 특성을 살펴보면 전통적으로나 현대사회에서나 혈연관계인 친인척은 중요한 위치를 차지한다. 혈연관계는 정, 화합, 단결의 가치를 중요하게 여기고 친인척끼리 똘똘 뭉친다. 그러나 꽌시를 활용함에 있어서는 친밀도인 찌오칭(交情)이 어느 정도인지를 고려한다. 친인척관계라도 어느 정도 정이 두텁고 친한지가 중요하며 별로 친하지 않거나 왕래가 없다면 도움을 받기는 어렵다.

18세기 조설근曹雪芹이 쓴『홍루몽』은 중국 4대기서인『삼국지연의』『수호전』『서유기』『금병매』를 뛰어넘어 만리장성과도 바꿀 수 없다며 중국인들이 가장 아끼는 작품이다. 등장인물이 무려 600여 명이나 되는 인간군상을 그린 홍루몽을 통해 중국 봉건시대의 사회제도와 중국인의 의식세계, 성격, 꽌시, 암투 등을 생생하게 엿볼 수 있다.

수많은 등장인물 중에 시골의 빈곤한 류 노파는 생계가 어려워지자 귀족인 가씨 집안의 며느리이자 실세인 왕희봉과 먼 친척벌이라는 혈연을 명분으로 귀족의 집을 방문한다. 엄격한 귀족 가풍의

가씨 집안은 촌부 류 노파의 순박하고 재치 있고 넉살까지 좋은 성격 덕분에 집안에 웃음이 떠나지 않았고 즐거운 시간을 보낸다. 그리고 류 노파는 가씨 집안으로부터 웃가지며 돈을 얻어 고향으로 돌아간다. 여기서 류 노파가 실제적인 도움을 받을 수 있었던 것은 혈연血緣이 아닌 사람들을 즐겁게 해주는 그의 유쾌한 성격 때문이다.

한국에서는 인맥 형성에서 혈연과 지연 그리고 학연이라는 이른바 3연緣이 복합적으로 작용한다. 같은 고등학교 또는 대학교 동문이라는 학연이 형성되어, 대기업 구매담당이 동문이면 중소기업 임직원은 이를 내세워 찾아가 자사제품을 밀어달라고 요청한다. 이런 요청이 받아들여질 수도 있고 그러지 못할 수도 있지만 한국인들은 대체적으로 이를 자연스럽게 여긴다. 동문이거나 같은 고향 출신이거나 또는 하룻밤 거나한 술자리로도 서로의 관계가 아주 깊은 인연을 맺는다고 생각하는 문화이다.

그러나 중국에서는 혈연血緣과 지연地緣 그리고 학연學緣이 한국만큼 깊게 작용하지 않고 그 한계가 있다. 동문이거나 고향 사람일지라도 별로 친하지 않았다면 찾아가 일을 부탁하기가 어렵다. 출세 또한 베이징대(北京大)나 칭화대(清華大) 동문이라고 해서 서로 당겨주고 밀어주고 해서 승진하는 것이 아니라 각자 노력으로 승진을 한다. 학연보다 각기 자신이 속한 계층이란 울타리 내에서 꽌시가 영향을 미친다.

상하이를 출세 배경으로 한 상하이방(幇)이나 지도자의 비서를 지낸 비서방(幇) 등의 인연이 출세가도에 도움이 되고 또한 비슷한 사회계층이지만 각기 다른 신분이 관계를 형성하며 서로 상부상조하여 문제를 해결하는 의식이 대단히 강하다.

일반인들의 일상생활 모습에서도 그들의 꽌시문화를 엿볼 수 있다.

"파출소에 꽌시를 좀 찾아줄 수 있겠어요?"

"왜? 무슨 일 있어요?"

"동생이 사고를 쳐서 좀 시끄러워졌어요."

"전화를 해보고 연락을 줄게요."

그런 후에 친구를 대동해 파출소로 가면 역시 꽌시를 찾은 상대방과 마주하게 된다. 이런 경우 누가 더 영향력이 있는 사람을 찾았는지에 따라 유리한 고지에 설 수 있다. 파출소에 A가 찾은 사람이 소장이라면 B 역시도 꽌시를 동원하였기에 A에게 적당히 유리하게 절충하는 식으로 일을 마무리한다.

한 쪽만 꽌시를 찾았다면 꽌시를 찾지 않은 쪽에게 불리하게 작용하는 것이 실상이다. 파출소에서 해결할 문제는 대체적으로 파출소에서 결론이 내려지고 공안국에서 해결할 문제라면 역시 공안국에서 결론을 내리는 경우가 많다. 특별한 사이가 아닌 이상 상급기관으로 일을 확대하면 일을 부탁받은 사람 역시 예민해지는 사안이고 부담이 되어 몸을 사리게 된다.

"병원에 꽌시가 좀 있나요?"

"누가 아픈가요?"

"어머님이 수술을 받아야 해서요."

"그래요! 원장을 소개시켜 드릴게요."

파출소 소장의 모친이 수술을 받게 되자, 이번에는 지난번에 파출소 소장을 찾아 일을 해결한 사람이 소장으로부터 부탁을 받아 일을 적극 처리해 준다. 이렇듯 중국인들은 혼자 힘으로는 어떤 일에도 한계가 있다고 여겨 웬만한 일이라도 항상 여러 사람이 함께 힘을 모아 해결하는 것이 유리하다는 의식이 뿌리 깊다. 서로의 사회적 계층이 비슷한 울타리 안에서 직접 부탁하거나 중간의 소개자를 찾아 일을 부탁하여 일을 처리하고자 한다. 이렇게 일상의 작은 일부터 크게는 직장을 부탁하고 승진과 출세까지로 확대되며 중국인들은 누구나 꽌시를 활용하며 살아가는 모습을 보인다.

한국인들도 인맥을 형성하고 끼리끼리 문화가 있지만 다른 점이 있다. 한국인은 상류계층에만 강한 끼리끼리 문화의 특성을 보이는 편이지만 중국인은 상류층, 중간층, 일반서민을 따질 것 없이 꽌시를 활발하게 활용한다. 그래서 중국인들은 누구나 꽌시의 위력을 무시할 수 없고 꽌시를 의식하지 않을 수 없고 꽌시에 연연하지 않을 수 없다.

꽌시의 본질은 교환이다. 즉 상호교환적 등가성이 그 전제다. 최근 전 세계를 놀라게 했던 전 충칭시 당서기 보시라이 사건에서도 꽌시는 어김없이 등장한다. 영국인 닐 헤이우드는 보시라이 아들이 옥스퍼드대학에 입학할 수 있도록 도와주면서 보시라이 가족과 꽌시를 맺었다. 그는 이런 꽌시를 십분 활용하였고 보시라이 가족 또한 헤이우드를 내세워 암암리에 갖가지 이권을 챙겼다.

그러나 정과 마음의 교류 없이 이권만 오고가는 꽌시에는 한계가 있기 마련이다. 헤이우드와 보시라이의 아내인 구카이라이의 꽌시는 악화되면서 급기야 헤이우드는 구카이라이에 의해 독살을 당했다. 중국 차세대 지도자의 한 사람으로 대중의 인기몰이를 하던 보시라이는 사건의 전모가 드러나면서 2013년 무기징역과 함께 정치권 종신 박탈이라는 판결을 받았다. 중국에 아무런 연고가 없던 외국인 헤이우드가 태자당 출신의 차세대 지도자 보시라이에게 접근하는 과정은 꽌시가 어떻게 만들어지고 어떻게 작용하는지를 생생하게 보여준다.

한국인의 인맥관계와 중국인의 꽌시를 비교해 보면 다음과 같은 면에서 그 차이가 있다.

한국의 인맥관계는 혈연, 지연, 학연 등에 따라 많이 작용하며, 상하관계, 갑을관계, 주종관계라는 수직적인 정해진 틀 안에서 그 영향력이 강하고 신속하게 작용하는 경향이 있으며 그 유효기한 또한 한계가 있는 듯하다.

반면에 중국인의 꽌시는 혈연, 지연, 학연의 작용을 무시할 수는 없지만 친분, 신분계층, 사회울타리, 실력 등에 영향을 더 받아 이중 삼중의 꽌시로 엮이는 수평적인 상호작용의 경향이 강하고 영역이 넓으며 지속적으로 상부상조하고자 하는 차이를 보인다.

일부 한국인들은 중국인에 대해 "꽌시만 있으면 안 될 일도 없다"라고 하는데 어느 정도는 맞는 말이다. 그러나 한계가 있는 것도 사실이다. 특히 사업에서는 한계가 선명하게 드러나 꽌시가 있다 하더라도 개인의 자질과 실력이 부족하면 꽌시의 위력은 발휘되기 어렵다. 그럼에도 꽌시가 문을 통과하는 통행증의 위력을 발휘하는 것만큼은 분명한 사실이다.

꽌시 맺기의
규칙

백조가 물 위에 유유히 떠 있는 우아한 모습 이면에는 수면 아래에서 쉴 새 없이 움직여서 헤엄을 치는 발이 있다. 하지만 백조와 달리 물갈퀴가 없는 새는 열심히 발을 움직인다고 해도 물 위로 뜨지 못한다.

사람도 때로는 아무리 부지런히 움직여도 일이 안 풀리는 답답한 경우에 부딪치게 된다. 그럴 경우에는 절실히 다른 사람의 도움이 필요하게 되는데, 꽌시가 형성되어 있다면 난파된 바다 위에서 구명정에 올라타는 것이나 마찬가지다.

또한 바퀴가 펑크날 때를 대비해 스페어타이어를 준비해 두는 것처럼 꽌시란 하나의 안전장치 역할도 한다. 상류층은 멈출 줄 몰라서, 하류층은 뛸 때를 몰라서 망하기도 하지만 꽌시 없이는 깜깜한 밤에 호롱불조차 없이 먼 길을 떠나는 것이나 마찬가지다. 중국인이라면 누구나 앞길을 밝혀주는 등불처럼 여기는 게 꽌시다.

그렇다면 누구나, 아무하고나 꽌시를 맺을까? 그렇지 않다. 우측

보행이라면 내가 지나갈 넓은 공간에 나름의 중심선을 긋고 오른쪽으로 걷는 것처럼, 보이지 않는 규칙이 있다. 첫인상을 보고 잘못된 판단을 내리는 경우가 많이 생기기는 하지만 상대의 첫인상에 따라 꽌시 맺기에서 많은 영향을 받는 것은 중국인들도 한국인과 별반 다르지 않다. 다만 첫인상의 어떤 점에 관심과 초점을 두느냐의 차이는 있다.

중국 여성들은 붉은 색이나 큰 꽃무늬의 옷 등 튀는 옷을 과감하게 즐겨 입는다. 하지만 남자들은 아직 대체적으로 지나치게, 연예인처럼 옷을 차려입는 걸 불편해 한다. 한국인은 깔끔하고 세련된 스타일 그리고 예의바른 자세에 첫인상의 기준을 두지만 중국인은 장소에 따라 되도록 무난하게 차려 입고, 이목을 끌거나 너무 튀는 옷차림을 하는 걸 부담스럽게 여기는 편이다.

자신에게 잘 어울리는 옷을 차려 입는 패션감각과 옷차림을 통해 자신의 개성과 정신세계를 예술적으로 표현할 줄 아는 패션 안목이 있고 자신감을 갖춘 한국인들과는 달리, 대중을 선도하는 중국의 아나운서들까지도 아직은 패셔너블하고 스타일리시 하지 못하다. 그들은 수수한 옷차림 속의 기운 또는 기색 그리고 처신을 중요하게 여기며 이를 통해 상대를 판단하려는 경향이 있다. 상대의 기색 등에서 풍기는 첫인상을 보고 '기운이 범상치 않다(치두뿌판 氣度不凡)'라며 예의주시한다.

중국인들이 꽌시를 맺는 매개물로 음식과 술 그리고 차와 담배가 빠질 수 없다. 가장 쉽게 건네지는 것이 담배이다. 그들이 담배를 권하는 것은 우호적인 관계를 맺겠다는 신호이고 담배를 던져주는 것은 허물없는 사이라는 것을 드러내는 것이며, 남의 주머니에 있는 담배를 꺼내 피우는 것은 아주 친하다는 표시이다.

한국과 중국의 기업인 행사를 여의도에서 개최하였을 때의 일이다. 분위기가 너무 조용하고 어색하자 이런 상황을 애써 바꾸어 보려고 베이징에서 온 관광업계 사장이 고급 담배인 '중화中華'를 꺼내 한국인에게 권했다.

"저는 담배를 피우지 않습니다."

"아이구, 한 대 피우시지요."

가까이 있는 사람에게는 직접 담배를 건넸고 멀리 있는 사람에게는 담배를 던져주며 권하기도 하였다. 중국은 아직까지 아무 곳에서나 담배를 피우는 분위기인지라 중국인 사장이 친절하게 한국 기업인들에게 모두 권해 보았지만 한국인들은 다들 담배를 피우지 않는다며 손사래를 치며 거절했고, 그는 멋쩍게 앉아 있을 수밖에 없었다. 중국에서는 인맥도 넓고 화통한 성격의 관광업계 중국인 사장도 한국에서는 말이 통하지 않아서가 아니라 이런 문화의식의 차이가 있다보니 별수 없이 바닷가에 밀려온 고래 신세가 되어 맥을 추지 못했다.

중국인은 아직까지 건강에 대한 관념이 한국보다 약하고 또한 담배와 술이 사교에서 중요한 역할을 하다 보니 흡연율이 높다. 중국인은 설령 담배를 피우지 않더라도 상대가 건네주는 담배는 호의를 생각하여 피우는 척 맞추어 주려는 모습을 보이려고 한다.

얼마 후, 공식행사가 진행되었고 이어서 연회가 시작되자 분위기를 띄우려고 그 중국인 사장은 직접 챙겨온 고급술을 꺼내어 설명을 곁들였다.

"우량예(五粮液)를 많이 갖고 왔으니 양껏 드십시오."

중국인끼리는 귀한 차도 선보이며 얘기를 나누는데, 한국인과 차 얘기를 나누기가 어렵다 보니 중국인 사장은 술을 화제로 삼아 분위기를 이끌어갔다.

술을 전혀 마시지 않아도 또는 너무 좋아해도 꽌시를 맺기는 어렵다. 술과 담배를 적당히 즐기면 외국인 사이라도 남자들끼리 금방 안면을 트고 친해지기 쉽다.

서로 친해지는 과정에서는 한국인과 중국인에게 각각 약간의 차이가 있다. 한국인은 상대적으로 처음에는 다가가기 어렵지만 일단 친해지면 거리가 더 빨리 좁혀지는 반면, 중국인은 처음에는 다가가기 편하게 보이지만 성급하게 다가가지 않고 마음의 거리를 두며 관찰을 하여 적당한 타이밍과 시기에 맞추어 서서히 친해진다.

중국 사회에서 꽌시가 있는 것과 없는 것은 상당한 차이를 느낄 수 있다. 꽌시가 있으면 가는 곳마다 반겨주고 대접을 받고, 꽌시가 없으면 사무적이고 무뚝뚝하거나 무관심한 얼굴을 보게 된다.

이처럼 꽌시의 위력을 언제 어디에서나 체감할 수 있기에 중국인은 친구를 많이 사귀어 두는 것이 그만큼 사회활동에서 편리하고 유리하다는 인식이 뿌리가 깊어서 되도록이면 다양한 신분과 직업을 가진 사람을 두루 사귀려 한다.

집단을 중요시하는 동양적 가치관의 중국인은 권위에 민감하고 숭배하여 거기에 의존하는 특성이 있다. 따라서 각자의 개성을 우선하는 서양과는 달리 개성과 개별 행동은 무리에서 배척되는 것을 의미하기에 개인의 생각이나 개성을 지나치게 고집하지 않는다. 남자들의 경우 튀는 옷을 꺼리듯, 튀는 행동도 피하려고 못하는 술이나 담배도 상대에 따라 맞추어 하는 척 흉내를 내기도 한다. 좋아하는 사람과 좋아하는 일을 할 수 있다면 가장 이상적이지만 현실은 좋아하는 사람 좋아하는 일만 만날 수 없는 것이 대부분이다. 따라서 중국인들은 피할 수 없다면 맞추는 것이 유리하고 무엇보다 큰 목표를 위해 사사로운 감정은 접어두고 둥글게 두루두루 상대와 맞추어야 한다는 인식을 갖고 있다.

놀이나 운동 역시 마찬가지이다. 마작, 장기, 카드 등이 중국인의 대표적인 놀이문화인데, 상대와 어울리기 위해 공통 취향과 공통분모를 찾아 상대가 좋아하는 것을 따라 한다.

꽌시를 맺는 데 있어서 방문, 식사 초대, 선물이 많이 동원되지만 그렇다고 해서 무조건 다가간다고 꽌시가 맺어지는 게 아니다. 오히려 경계의 대상이 되어 꽌시를 망칠 수도 있다.

루쉰 선생의 작품 『아큐정전』에 등장하는 주인공 아큐는 동네에서 가장 지체가 높은 조 씨 성을 가진 사람의 잔치에 축하를 하러 다가갔다가 "네가 감히 나와 같은 조 씨라구?"라며 느닷없이 따귀를 맞는다. '아큐'가 매까지 맞으며 쫓겨난 것은, 귀천이 엄연한데 자신이 누구인지 파악하지 못하고, 체면이 없는데 돈 있고 권세 있는 사람에게 같은 조 씨라며 다가간 것이 화근이었다.

마오쩌둥 시대에 한바탕 계급투쟁이 일어나면서 신분계급의 의식이 약화되고 계층과 신분을 노골적으로 드러내 차별하고 무시하는 것은 경계하지만 중국도 체제의 변화와 경제발전으로 차츰 신분 계층을 다시 중요하게 여기는 양상이다.

사회계층이 다르면 깊은 꽌시는 맺어질 수도 이어질 수도 없는 것이 정설이라고 할 수 있다. 꽌시는 서로에게 도움이 될 때만 그 한도 내에서 이어지는 것이기 때문이다. 즉 신뢰, 실력, 영향력인 자본과 이해관계가 일치하느냐가 본질이라고 할 수 있다.

능력이 비슷해도 사이를 연결해 주는 고리가 확실하지 않은 이상 친구관계로 발전하기란 쉽지 않다. 이해관계나 같은 수준의 처지 또는 공통의 관심사 등이 연결고리로 작용할 수 있다. 꽌시를 맺는다며 무작정 뇌물 공세를 한다고 이루어지는 것도 아니다. 특히 시진핑 시대에 들어서서 반부패 분위기가 형성되고 있는 시점이라 뇌물 또는 공무원의 접대는 대단히 민감한 사안이다.

얼마 전 시진핑이 어느 지역에 주둔한 군구軍區 사령관을 호출하여 부사령관의 됨됨이를 물었다. 사령관은 "부사령관은 일을 잘해 승진 대상에 오른 인물"이라고 대답했는데, 시진핑은 "그는 승진을 위해 뇌물을 쓰는 데 능한 자다. 앞으로 절대 그를 승진시키지 말라"고 지시하였다.

부사령관이 시진핑 주석의 누이에게 식사를 대접하면서 자신의 승진을 위해 시진핑에게 잘 말해 달라고 부탁하였던 게 화근의 발단이었다. 시진핑의 누이가 가족의 식사 자리에서 시진핑에게 해당 부사령관을 거론하며 발탁을 권했지만 오히려 승진은 고사하고 망신만 당했다고 한다. 이익과 명예를 잊고 자신의 그릇과 한계를 알아 사람과 일에 신경을 쓰면 천문天門이 열리지만 자리와 이익에만 눈이 멀어 쓰러지는 사람 또한 부지기수다.

　중국에서 처음 거래를 트고자 할 때 가장 좋은 방법은 아무래도 꽌시를 동원하는 것이다. 꽌시를 만들기 위해 꽌시를 동원한다는 게 무슨 말인지 아마 애매하게 생각될 것이다.

　중국은 땅이 아주 넓고 사람 또한 많다. 중국의 동쪽 끝에 사는 사람이 서쪽 끝에 있는 인물과 서로 소통하려 하거나 한 번 만나려고 하면 짧아도 며칠 길게 몇 달을 여행해야 하고 막상 만나러 가보면 그가 자리에 있을지, 만나주기나 할지도 알 수 없다. 따라서 가장 좋은 방법은 그와 연결시켜 줄 꽌시가 필요하게 된다.

　대부분의 꽌시는 이처럼 꽌시를 통해서 연결되어 나간다. 꽌시가 대두된 것은 항일투쟁, 국공내전, 공산화와 연이은 문화대혁명 등의 격변을 거치면서 믿을 수 있고 서로 도움이 되는 사람끼리 연줄을 굳게 맺어나가는 성향이 강화되었다고 한다.

　특히 수십 개의 제후국으로 나뉘어 격전을 벌였던 춘추전국시대의 경우에는 각지에 할거하는 군웅들이 서로 대립하고 협조하는 합종연횡으로 무수한 일화들을 남겼다. 그 혼란의 시기에 전혀 안면이 없는 사람과 함께 일을 도모하기란 무척이나 어려웠을 것이다. 결국 꽌시란 이런 역사적 배경으로 생겨난 것이라고 볼 수 있다.

　옛날에 손수 써준 편지 한 통이 통행증이 되었듯이 지금은 전화 한 통 또는 이메일 한 통에 의한 소개가 꽌시를 맺는 다리가 되어주는 것에는 변함이 없다. 한국인에게 소개란 '서로 알고 지내면 서로에게 좋을 것이다' 라는 정도의 의미지만 중국인의 소개에는 "나를 대신하여 적극 도와주라"는 강력한 메시지가 담겨 있다.

소개를 받은 중국인은 소소한 일상의 문제부터 한국인이 미처 생각지도 못한 점까지 챙겨주겠다거나 본인이 직접 해결해주겠노라는 약속도 곧잘 한다. 부정적인 소문을 많이 들어온 터라, 처음 중국에서 사업을 하거나 또는 주재원으로 파견된 한국인들은 중국인의 지나친 도움에 혹시 무슨 의도가 있는 것은 아닌지 경계할 정도다. 하지만 그것은 소개를 해준 사람에 대한 예우인 동시에 책임감과 자신의 능력을 보여주며 신뢰를 쌓는 중국인들이 꽌시를 맺는 기본규칙 중의 하나라고 할 수 있다.

꽌시의
여러 형태

사회인으로서 사람들과 만나고 협력하여 일을 처리하며 꽌시에
의존하는 중국인들에겐 꽌시와 관련된 용어 또한 매우 많다. 그만
큼 꽌시도 다양한 형태가 있고 복잡하다는 것을 알 수 있다.

일상에서는 '관계를 찾다(자오꽌시 找關係)'란 말을 많이 들을 수 있
다. 중국인들은 일을 처리할 때, 꽌시를 동원하지 않으면 불안하게
여길 정도로 습관이 되어 누구나 그래야만 하는 것으로 알고 꽌시
를 찾아나서는 게 일상이다. '자오꽌시'란 자신의 인적자원을 이용
하여 정치적 혹은 경제적 이익과 유리한 점을 도모하는 걸 말한다.

중국인들은 어떤 어려운 일에 봉착했을 때, 친척이나 친구 또는
아는 사람에게 부탁하거나 뒷문거래(저우 허우먼走後門)로 문제를 해결
하는 데 익숙해져 있다. 이는 규제는 많고 물자가 풍부하지 않았던
사회주의 사회 특유의 한 단면이기도 하다.

당시 중국은 물자가 부족하였기에 북한처럼 식량을 포함한 모
든 물품을 배급하였다. 가령 식량, 옷감, 석탄, 기름 등 기본 생활

용품까지 자유롭게 살 수 없었다. 식량을 살 수 있는 식량 표, 옷감을 살 수 있는 옷감 표, 석탄을 살 수 있는 석탄 표, 기름을 살 수 있는 기름 표 등이 있어야 돈을 내고 살 수 있었다. 또한 가구 인원수에 따른 배급제여서 그 이상 구입하려면 꽌시를 동원할 수밖에 없었다. 주택도 작은 집이었지만 자격에 따라 순서대로 분배를 받았고 직장 역시도 부모님이 퇴직하면 자식이 물려받아 직업을 찾는 방식이었다. 물자는 부족하고 사람은 많으며 자리를 차지한 권한의 위력이 크게 작용하다 보니 아는 사람끼리의 뒷거래가 활발한 꽌시 문화가 더욱 성행하게 되었던 것이다.

튀꽌시(托關係)란 말도 자주 듣는데, 관계를 부탁한다는 의미이다. 개인의 힘은 한계가 있기에 사면팔방으로 중간 소개자를 찾아 일을 부탁한다. 이럴 때 빠질 수 없는 것이 중간 소개자를 통해 선물이나 현금을 전하는 것이다. 관계가 멀수록 또는 사회적 신분의 평행이 이루어지지 않을수록 사전에 선물이나 사례를 하여 일처리를 하며 그 관계는 일회성으로 끝난다. 친한 관계이거나 힘이 있는 사람 간의 일 부탁은 대체적으로 일회성의 사례 방식이 아니라 일을 마치고 사후에 보답하는 방식을 많이 택한다. 즉 일을 처리해준 데 대한 고마움을 표시하는 동시에 상부상조의 관계로 발전하여 원-원 관계가 형성되는데, 이런 경우 물질적인 보답보다 기회 제공이나 역으로 문제를 해결해 주는 방식으로 진행된다.

처음 한국에 왔을 때, 적응이 되지 않아 자주 중국에 드나들다가 한 번은 중국에 가서 약 1년 반 정도 체류하며 푹 쉬었다. 당시 이미 한국으로 귀화한 상태라 외국인은 공안국에 가서 신고를 해야 했다. 그러나 그때는 내가 외국인 신분이라는 것도 자각하지 못했을 뿐더러 그런 절차도 모르고 있었기에 졸지에 불법 체류자가 되어 있는 줄도 몰랐다.

비자 유효기간 90일을 초과하고 하루가 지날 때마다 벌금액이 인민폐 500위안(당시 환율 한화 약 5만 원)이어서 불법체류 1년 반의 벌금은 엄청 큰돈이었다. 어쩔 수 없이 나 역시 퉈꽌시라는 것을 하게 되었다. 부랴부랴 여기 저기 수소문을 해서 중간 사람을 찾아 일을 부탁할 수밖에 없었다. 당시 선전부장을 거쳐 부시장이 된 지인을 찾아가게 되었는데, 그는 담당자에게 전화를 걸어 일을 부탁했다. 이튿날 친척과 나는 공안국 출국비자 담당자인 공안국 외사과 과장을 찾아갔다.

"무슨 일이요?(쎈머쓰 什麽事)"

"시장님의 소개로 찾아왔습니다."

"왜 이제야 왔나요?(쩐머 차이라이 怎麽才来)"

"미처 몰랐습니다. 미안합니다. 잘 부탁드립니다."

친척은 현금 2,000위안인지 3,000위안인지를 외사과 과장의 서랍에 밀어 넣었다. 그는 "아니, 됐어요(부융부융 不用不用)"라며 손사래를 쳤다.

"일찍 신고했더라면 간단했을 걸 이렇게 일을 복잡하게 만들었나요? 짧은 시간 불법체류는 적당히 넘어갈 수 있는데 너무 오래되면 방법이 없어요. 다음에는 주의하세요!"라고 말하면서 여권에 도장을 꽝꽝 찍어줘 무사히 돌아올 수 있었다.

당시는 꽌시가 있으면 그렇게 노골적으로 사무실에서 현금을 건네며 일을 부탁할 수 있었던 분위기였다. 지금은 양상이 달라졌다. 일반적으로 수평적인 관계에서 중간 소개자를 통해 일을 처리하고 난후 양측의 A와 B 그리고 중간소개자 삼자가 모여 식사하며 사례를 표시하고 관계를 맺어두는 경우가 많지만 내 경우에는 수직적인 관계여서 그런 형식은 생략되었다.

라꽌시(拉關係)는 수평으로의 꽌시 맺기이다. 자신의 지위와 비슷한 사회계층의 사람끼리 많이 연락하고 식사와 선물을 하며 관계를 맺고 교류하며 일을 도모한다. 누구와의 꽌시가 있는지 없는지, 있더라도 어느 정도인가에 따라 일의 성패가 갈라지기 때문에 남들이 구축한 기반을 이용하는 '라꽌시'로 성공하는 경우도 많았다. 여기에는 혼맥도 포함된다. 쑨원에 이어 중국국민당을 이끈 장제쓰(蔣介石)가 대표적인 예다.

장제쓰는 1927년 상하이에서 쑹메이링(宋美齡)과 세기의 결혼식을 올린다. 광둥성(廣東省)이라는 지역 연고를 활용하며 기반을 넓히려는 국민당은 쑨원의 측근들인 후한민(胡漢民), 왕징웨이(汪精衛), 랴오중카이(廖仲愷) 등 광둥인들이 주류였고 저장성(浙江省) 출신의 장제쓰는 소수파였다. 그는 광둥성 출신의 미국 시민권자인 쑹자수(宋喜樹 미국명 찰리 쑹)의 셋째 딸과 결혼을 함으로써 쑹자수의 둘째딸이자 미국 유학을 한 신여성인 쑹칭링(宋慶齡)과 결혼한 쑨원과 동서지간이 되어 자연스럽게 위상을 높이게 되었다. 그들과의 꽌시가 장제쓰의 정치적 자산이 되었음은 물론이다. 결국 그는 북벌에 성공한 '국민혁명군 총사령'으로서 국내외에 이름을 알렸고 마침내 '국민당 군사위원회 위원장' 자리에 올라섰다.

판꽌시(攀關係)는 위로 꽌시 맺기를 말한다. 일반적으로 위로의 수직관계는 한 쪽은 높고 한 쪽은 낮아 수평적인 관계가 되지 못한다. 당연히 윗사람은 그 필요성을 느끼지 못하고 흥미나 매력 또한 없으므로 거래를 꺼리게 되어 수평적인 관계보다 훨씬 어렵고 복잡하며 부담이 된다. 식탁에서나 모임에서나 말을 가장 많이 하고, 칭찬의 말을 가장 많이 듣고, 웃는 얼굴을 많이 보고, 주목을 끄는 사람이 직급이나 권위가 가장 높은 사람이자 체면이 큰 인물인 것은 틀림이 없을 것이다.

판꽌시의 조건도 아무래도 이익과 가치 제공 그리고 교환이다. 판꽌시의 고수로는 역사속의 인물 여불위呂不韋가 단연 으뜸으로 꼽힌다. 농사꾼보다도 사회적 지위가 낮은 상인의 아들로 태어난 여불위는 밭 갈고 씨를 뿌려 얻는 소득과 금은보화를 내다 팔아 얻는 이득의 차이보다도 더 엄청난 이윤이 남는 일을 도모하고자 한다.

그는 인질로 와 있던 이인異人이라는 진나라의 왕족에게 조희趙姬라는 여인을 헌상하고 갖가지 꽌시 망을 구축하여 이인이 진나라의 장양왕莊襄王으로 등극하게 만들었다. 장양왕이 죽자 그의 아들인 13세의 영정瀛政이 왕위에 올랐는데, 영정은 후일 전국시대戰國時代를 마감한 중국 대륙 최초의 통일왕국 진秦나라의 시황제始皇帝, 바로 진시황이다.

장사꾼이었던 여불위는 장양왕 때부터 진시황이 성인이 되기까지 줄곧 재상을 지내면서 당대의 지식인 3,000여 명을 불러들여 그의 성씨를 딴 『여씨춘추呂氏春秋』라는 26권의 방대한 책을 발간하며 명성을 날렸다. 아무리 재물이 많아도 천대를 받는 장사꾼이란 한계를 뛰어넘고자 여불위는 왕족과 판꽌시를 맺어 부귀영화를 누렸다.

인간도 인간관계도 모두 변한다. 변하지 않는 것은 변화뿐이라 중국인들은 자오꽌시(找關係), 퉈꽌시(托關係), 라꽌시(拉關係), 판꽌시(攀關係) 등 여러 형태의 꽌시에 관심이 매우 크고 아주 민감하게 반응하며 살아간다.

꽌시를 이용한
사기수법

　중국인들의 꽌시에 대해 지나치게 신비감을 갖고 꽌시를 전부로 보는 시각이 있고, 이를 이용하는 사람들이 꽤 있다.

　상하이 한국영사관 외교관들이 정체불명의 덩(鄧) 여인을 둘러싼 삼각관계로 몇 년 전 한국 언론이 대서특필하고 발칵 뒤집힌 사건이 있었다. 한국 기업인들도 덩샤오핑의 손녀라고 부풀린 이 덩 여인과 꽌시를 맺고자 줄을 섰다고도 한다. 이렇게 중국인의 꽌시를 잘못 이해하고 꽌시에 대한 지나친 환상과 성급한 마음이 앞서면 사기 피해를 당하는 일도 드물지 않게 생긴다.

　"중국인은 아주 호탕하고 의리가 있고 통이 크며 친절해요."

　"중국인은 속이 시커멓고 약속을 잘 안 지키며 엉큼해요."

　이처럼 자신의 경험에 따라 중국인에 대해 때로는 긍정적, 때로는 부정적인 엇갈린 평가를 들을 수 있다. 마치 맹인이 코끼리를 만지듯이 꼬리를 만지면 코끼리가 밧줄처럼 생겼다 하고 몸통을 만지면 벽처럼 생겼다 하는 것처럼, 좋은 사람 좋은 인연을 만난 경우

긍정적 평가를 하게 되고 사람을 잘못 보고 사기꾼을 만나 사기를 당했다면 부정적 평가를 하기 마련이다.

사기꾼 기질을 가진 사람은 잘 살펴보면 일반인과 다른 특징이 나타난다. 한국에서 사업가로 활동을 하고 있는 한 중국 여인의 예를 들어 보자.

그녀는 중국정부 고위관료들과의 상당한 친분을 과시하며 중국인 기업가 그리고 한국인 공무원 및 기업가들과 자주 모임을 가지며 분주하게 교류했다. 그녀의 사무실에는 중국정부 고위관료의 사진과 친필 붓글씨의 액자가 걸려 있었고 유명 정치인이나 기업인들과 함께 찍은 사진으로 사무실을 도배할 정도였다. 중국정부와 연관된 명예 직위가 새겨진 위촉장도 걸어두어 중국정부와의 꽌시를 과시하였다.

한눈에도 수완이 좋은 유능한 사업가이자 마당발이라는 이미지가 물씬 풍겨 사무실의 규모가 작았음에도 그녀의 체면을 내세우는 데 전혀 문제가 되지 않았다. 중국 명문대를 졸업했고 중국정부 관료들과 친분이 있으며 정부가 후원하는 기업인이라고 하면 금방 경외심과 존경을 나타내는 사람들이 꽤 있었다. 이 정도의 유능한 중국인 사업가를 만나 사귀어 두면 중국과의 인맥, 즉 꽌시를 잡은 걸로 생각한 한국인들이 상당한 기대를 걸고 줄을 섰다. 덕분에 갓 차려진 작은 사업체는 강남이며 강북에서 사업하는 한국인 사업가들의 사무실과 업체가 그녀의 지사나 자회사처럼 편입되어 회사의 규모는 금방 커졌다. 그야말로 무에서 유가 창조(無中生有) 된 것이다.

이렇게 규모가 커진 회사를 바탕으로 그녀는 한국의 유명한 기업가와 만나는 데에도 그다지 어려운 문제가 없게 되었다. 실제로 한국에서 이름만 대면 알 만한 유명 기업의 사장이나 임원들과 정기적으로 만남을 이어가며 친분을 쌓아갔다. 고급 식당에서의 그의 모습은 더욱 그럴 듯했다.

"사장님, 안녕하세요? 오래만입니다. 장사 잘되시죠?(썽이 씽룽바 生意興隆吧?)"

유명 식당의 지배인과 악수를 나누며 왁자지껄 하는 그녀의 호탕함은 누가 봐도 지배인과의 친분이 이만 저만이 아닌, 자주 오는 단골손님처럼 보이기에 충분했다. 손님과의 식사 중에는 또 어떤가? 휴대폰은 아예 테이블에 올려놓고 연신 걸려오는 전화로 식사를 못할 지경이었다.

"미안합니다. 전화 좀 받을 게요."

손님에게는 격식 차린 모양새를 갖추는 걸 잊지 않았다.

"아, 네네! 알았어요. 그럼 다시 만나서 상세히 얘기하지요. 지금은 중요한 손님과 식사 중입니다."

그녀는 전화를 끊으면서 옆의 한국인이며 다른 중국인 사업가에게도 거듭 양해를 구하였다.

"글쎄, 오늘 따라 전화가 왜 이렇게 많은지 번거롭네요."

그녀가 귀찮다는 표정을 지어 보이면 대개의 상대방은 황송해하며 말한다.

"아, 괜찮습니다. 사장님이 인기가 많아서 찾는 사람이 많은 것 아닙니까. 바쁜 게 좋은 거죠."

하지만 미리 짜 놓은 각본에 따라 일정한 간격으로 전화를 울리게 하였던 것을 상대방 사업가가 알 리 없었다.

사업가 행세에 노련한 그녀는 주변에 늘 건장한 남자들을 대동하고 다니기를 즐겼다. 따라다니는 대부분의 사람들은 그냥 아는 사이 정도였지만 남들이 자신의 부하나 보디가드처럼 보이도록 의도적으로 연출했다.

"발전하는 중국의 마지막 열차에 올라타야 내일이 밝고 편안해질 겁니다."

그녀는 한국의 중요 부서의 공무원과 내로라는 하는 대기업의 차장급 그리고 중국정부의 중견 간부들에게도 같이 동업하자면서 주식을 나눠준다는 조건을 제시하였다. 이사나 국장이라는 높은 직급을 얻어주며 일정 지분의 주식을 약속하고 대박이 날 미래를 약속하자 장기 휴직을 하거나 과감하게 사표를 던지고 합류하는 사람이 있을 정도였다. 투자를 하지 못하는 사람들은 무보수거나 식사 또는 차비 정도를 받으며 자원봉사로 쓰이길 마다하지 않았다. 그렇지만 회사에서 휴직을 하거나 사직을 하고 온 한국인에게 중국정부 후원 기업의 '이사'라는 타이틀을 걸어 주고 중국을 몇 번씩 오가는 게 전부였다. 수익이 발생하지 않는 실체가 없는 사업체라 월급이 제대로 지급될 리 만무했다. 허울만 있는 사업체지만 중국의 부상과 함께 사업체가 커질 것이라는 기대를 하고 장차 주식을 분배 받는다는 장밋빛 꿈으로 사람들은 현혹되었다.

그렇게 기대에 부풀어 합류한 사람들은 몇 년이라는 시간을 허비하였지만 약속했던 성과가 감감무소식이자 의구심을 갖기 시작했다. 그때마다 그녀는 늘 삼국지의 조조가 썼던 망매지갈望梅止渴로 사람들을 안심시켰다. 〈조조가 군사를 이끌고 물도 없는 험한 길로 잘못 들어서 군사들이 목이 타 더 이상 진군할 수 없을 정도로 기진맥진하게 되었다. 그때 조조는 "산 넘어 매실밭에 새콤한 매실이 달렸으니 거기까지 가서 쉬도록 하자"라고 달랬다. 그러자 사병들은 군침이 돌고 힘이 생겨 빨리 진군을 했다는 삼국연의三國演義의 고사성어에서 유래.〉

나중에 결국 그 여인의 정체가 밝혀지면서 사람들은 하나 둘 떠났다. 그렇지만 뒤이어 같은 수법에 걸려든 또 다른 사람들로 빈자리는 금방 채워졌으며 실체도 없는 사업체는 한국에서 계속 굴러갔다.

거품을 바탕으로 한국과 중국에서 제법 굵직한 끈을 만든 실체 없는 중국 사업체에 제휴를 맺고자 하는 신생 한국 회사가 있었다. 중국에 진출한 기업체여서 중국 측 사업을 도와주고 컨설팅이라는 명목으로 장기 자문비를 미리 지급하며 든든한 꽌시를 잡은 것으로 생각하고 한껏 사업 성공의 꿈에 부풀어 있었다. 그러나 업무제휴를 하기 전과 제휴를 한 다음의 모습은 180도로 달라졌고 실제적으로 사업에 어떤 도움을 주지 못하였으며 문제해결은 더욱 관심도 없었다. 당연히 중국 측 사업은 진전이 없었고 한국인 사장은 다급해져 독촉을 하였다.

"중국정부 인사와 언제 함께 만나서 저희 회사의 일을 부탁할 수 있을까요?"

"정부 인사가 무슨 시간이 그리 많아 한국인 기업가 아무나 만나 주겠어요?"

"지금까지 실제적으로 해결된 일이 없습니다."

"꽌시가 그렇게 생각대로 다 되는 것일까요? 우리가 할 일은 다 했어요. 뭘 더 기대하세요?"

중국측 꽌시를 동원하면 못 할 게 없다고 호언장담하던 그녀는, 한국 기업이 바라는 수준의 업무처리는 애초부터 관심도 두지 않았으며 오히려 적반하장으로 호통을 치며 제휴를 파기하겠다고 선수를 쳤다. 황당하고 어이가 없어하던 한국인 사장은 중국과의 사업 컨설팅 명목으로 선불하였던 자문료도 돌려받지 못하고 조용히 물러서면서 중국 정부와의 꽌시에 부풀었던 기대를 접고 말았다.

이런 유형의 중국을 활동무대로 삼고 있는 한국인이나 한국을 활동무대로 삼고 있는 중국인과의 나쁜 경험을 통해 전체 한국인 또는 중국인을 부정적으로 보고 믿을 수 없다며 교류를 꺼리는 하소연을 꽤 들었다. 그러나 어디까지나 개별적인 나쁜 사람에 해당할 뿐이다. "자라보고 놀란 가슴 솥뚜껑 보고 놀란다"는 한국 속담이 떠오르게 하는 경험들일 것이다.

꽌시를 이용한
사기의 특징

한국이나 중국이나 사기꾼은 자연생태계의 한 종으로 어느 시대나 있었다. 다만 사기꾼의 유형과 수법은 문화권에 따라 비슷하면서도 다른 스타일을 볼 수 있겠다. 한국과 중국에서 활동하고 있는 중국인 사기꾼이 어떤 수법을 많이 쓰는지 그 특징을 정리해 보았다. 아래에서 이야기하는 특징이 있는 중국인이면 십중팔구 사기꾼이다.

대체적으로 사기꾼은 허세가 심하고, 과하게 친절하며 대단히 사교적인 동시에 유능한 사업가인 것처럼 꾸민다. 미국을 제칠 세계 최대의 경제대국 중국에 대한 장밋빛 꿈을 심어주며 유혹한다.

고위관료들과의 친분을 과시하는가 하면 중국정부가 후원하는 사업가 행세를 하며 요란하게 스스로를 부각시킨다. 정계나 재계 또는 관청 고위인사들의 이름을 입에서 오르내리게 하는 수법도 자주 쓰는 것 중 하나다.

"미안합니다! 많이 늦었죠? 후(胡) 회장이 주최한 만찬회에서 이제야 가까스로 빠져 나왔습니다.”

“방금 덩샤오핑의 아들 덩푸팡과 같이 있다가 왔어요. 그가 사업 차 한국에 들렀어요.”

마치 유명인과 빈번히 교류하고 있는 척 꾸미며 거물의 배경을 빌려 자신의 위상을 높인다. 사기꾼은 되도록 외모가 번듯하고 인품이 훌륭하며 출신과 신분이 우수하고 평판과 이미지가 좋은 사람에게도 접근하여 불러 모음으로써 이미지 전략으로 자신과 자신의 회사를 믿게 하는 데 활용한다. 이런 수법은 자신의 얼굴에 금가루를 붙인다는 일명 ‘티에 찐수(貼金術)’라 한다.

또는 중국정부와 연관이 있는 것처럼 보이기 위해 유명무실한 정부 명예 직함이 찍힌 임명장을 사무실에 걸어두는 동시에 명함을 뿌린다. 유혹할 상대에게는 자신의 회사로 끌어들이기 위해 제대로 된 회사라면 수 십 년을 근속하여도 오르기 어려운 상무, 이사, 국장, 부장 등의 이름만 번듯한 명함을 찍어 나누어 줘 허영심을 자극하며 현혹한다.

끌어 모은 사람들 중에서 요긴하게 이용할 사람인 경우에는 이른바 핵심 회원으로 관리하며 식사 대접과 친절을 베풀고 이들로 하여금 자신 그리고 자신의 회사를 알리는 데 이용한다. 이용할 사람이 돈에 궁하다 싶으면 재빨리 봉투에 약간의 돈을 넣어 건네주며 상대방을 잘 챙겨준다. 명절이며 중요한 때마다 작은 선물이나마 잊지 않고 직접 건네거나 집에 배달해 주어 상대를 감동시키는 수완이 뛰어나다.

어디에라도 써먹어야 될 사람이다 싶으면 의도적으로 집요하게 접근하고 온갖 칭찬과 아부 그리고 정성을 쏟는 데 오랜 시간을 투자한다. 가장 대표적인 사례는 상대가 입원했을 때 꽃다발을 들고 매일매일 방문하고 전화를 걸어 안부를 묻고 쾌유를 빌어준다. 이쯤 되면 감동하기도 하고 미안한 마음이 생겨 퇴원을 하자마자 유령회사를 위해 봉사하게 된다. 오랜 시간 상대를 관찰하고 치밀하게 분석하여 계획적으로 목표물을 선정하고 관리해 한 명 한 명 끌어들이는 데 성공한다. 순진한 사람들은 걸려들었다 하면 기본은 1~2년 많게는 3~5년이란 긴 시간 동안 에너지 및 노동력을 착취당한다. 한국의 대학생들이 다단계 사기꾼에게 현혹당하여 합숙까지 하면서 끌려 다니는 것과 유사하다.

사기꾼의 휴대전화는 거의가 하루 종일 울리며 오라는 곳은 없어도 갈 곳은 많다. 이 또한 사기의 희생양이 될 상대 앞에서 공사다망하게 보이려고 지인과 짜고 자주 전화를 걸게 하는 수법이다. 실제로 대단한 위치에 있는 사람이라면 비서가 모두 맡아서 해야 할 일을 사장이 직접 끊임없이 걸려오는 전화를 받을 리 없는데 말이다.

공신력이 없는 유명무실한 회사의 지명도를 높이기 위해 홈페이지 제작과 관리에도 공을 들인다. 물론 이때에도 끌어 모은 사기 피해자들의 헌신적인 무료 봉사를 대대적으로 써먹는다. 그런 다음에는 직원이든 친척이든 친구든 또는 안면만 조금 있는 사람이거나 그야말로 사돈의 팔촌까지 동원하여 회사 홈페이지에 소설같은 댓글을 달게 한다. 한국 내 어느 행사 또는 중국을 다녀온 본인의 사진과 들러리들과 다니며 함께 찍은 야단법석한 단체활동 사진도 가득 올려놓는다.

언론사 기자도 주요 이용 대상이다. 호텔 또는 최고급 음식점으로 기자들을 자주 초대한다. 그곳의 지배인이나 종업원과도 친한 척 이름을 부르며 주문을 하는 것을 잊지 않는데, 종업원이며 지배인은 그 내용을 잘 몰라도 당연히 '네네' 하며 대답하기 마련이다. 상당한 VIP처럼 허세를 부리지만 종업원의 명찰을 보고 이름을 알아 두었다가 써먹는 데 불과하다. 그럼에도 대부분의 관리 대상자들은 마당발 사업가의 인맥과 수완에 감탄하고 추종하기 바쁘다.

고급 음식점 요리에 대한 장황한 설명도 빠지지 않으며, 식사를 마치기 전에 재빨리 카운터로 가서 계산을 하면서 종업원들에게 팁을 두둑하게 주는 통 큰 모습도 보여준다. 그런 호탕한 모습에 사람들은 대단한 사업가를 만난 것으로 믿어 의심치 않는다. 또한 작지만 의미 있는 선물이나 봉투를 기자들에게 건네 친분을 맺은 다음, 자신을 알리는 기사나 사진이 업계 잡지나 신문 또는 방송 등에 나오도록 하여 자신과 가짜 사업체의 지명도를 높인다.

흑사회(黑社會 폭력조직)와 끈이 있다고 자랑한다. 자신의 위력을 부풀리거나 사이비 교주처럼 거창하게 큰소리를 쳐 활력과 카리스마가 넘치는 것처럼 보이면서 은근한 협박과 위협 그리고 정신적인 폭력으로 상대를 조종한다. 사회 경험이 적은 피해자들일수록 손해를 보상받거나 항의 한 번 제대로 못하고 스스로 지쳐서 포기하게 된다. 투자금을 돌려받기는커녕 그동안 쏟은 노동력, 시간, 에너지 지식 착취는 입증할 수도 없고 소송으로도 받아내기 쉽지 않다는 약점을 알고 이용하는 것이다.

사기꾼은 순진한 상대에게 죄책감을 심어주거나 치사한 사람으로 만드는 데도 비범하다. 윤리의식이 강한 한국인일수록 신뢰와 성실성이 결여되고 의리가 없다는 소리를 듣기 싫어한다는 심리를 파고든다. 그렇게 하여 피해자들이 끊임없는 불확실성을 느끼면서도 쉽게 떠나지 못하게끔 자신의 옆에 가두어 놓는다. 또는 조작, 교묘한 공격, 왕따시키기, 칭찬하기, 깎아내리기, 이간 등 다양한 방법을 구사하여 상대를 혼란스럽게 하고 심리적 공황상태로 빠트린다.

특히 여자 사기꾼일수록 심리조종법이 더 교묘하고 집요하다. 여자 사기꾼의 경우는 이른바 어장 관리에도 뛰어나다. 실제의 미모와는 상관없이 나름의 미인계를 구사하여 주변의 남자들을 삼각 또는 사각관계의 경쟁자로 만들어 놓아 자신이 유리한 고지를 차지하며 충성하게 만든다. 상대는 뭔가 수상한 낌새가 들다가도 '남자 체면에 아마 내가 너무 예민한가봐'라고 생각하며 갈등 속에서 빠져나오기 어렵다.

꽌시, 자본, 규모, 실력, 아이템 어느 것 하나 갖춘 것 없고 실체 없는 회사를 차려놓고 남의 회사를 자신의 자회사로 둔갑시켜 마치 덩치가 크고 영향력이 큰 기업인 것처럼 꾸미는 데 탁월하다. 중국 각지의 부동산 회사나 국영기업과 한국의 이름 있는 기업을 몇 번 방문한 것을 부풀려 자랑하면서 같은 레벨인 회사인 양 행세해 상대를 착각에 빠지게 한다. 이른바 무에서 유를 만드는 '무중생유無中生有'의 책략이다.

사기꾼은 절대 혼자 다니지 않는다. 강한 자아, 오만함, 권위의

식은 사기꾼에게 나타나는 특징이며 항상 한 두 사람을 대동하거나 많게는 여러 명을 수행원처럼 따라다니게 하여 자신을 대단한 사람인 것처럼 부각시킨다.

이토록 사기꾼은 화려한 언변과 정열 그리고 꽌시를 가장한 다양한 수법으로 중국에 관심이 많은 사람을 현혹한다.

그러나 한국인이나 중국인 할 것 없이 사람 나름이다. 어느 나라 어느 집단에도 미꾸라지 몇 마리가 물을 흐려놓는 것처럼 좋은 사람이 나쁜 사람보다 훨씬 많다. 다만 문화 차이, 의식의 차이로 인한 오해가 더 많을 것이다.

지레 겁을 먹고 도망칠 것은 없다. 우수하고 좋은 사람과 교류를 많이 할수록 사기꾼과의 차이를 확연히 구분할 수 있는 안목이 생긴다. "구더기 무서워 장 못 담구겠는가?"라는 한국 속담처럼 사기꾼이 무서워 중국인과 교류를 꺼릴 것도 없지 않겠는가.

chapter 6

만인만색
중국인

북방 호랑이,
남방 여우

　대체적으로 중국의 남방과 북방의 경계는 허난성(河南省) 안후이성(安徽省) 장쑤성(江蘇省)을 가로지르는 화이허(淮河)를 기준으로 그 이북을 북방北方이라 하고 그 이남을 남방南方이라고들 한다.

　남방인과 북방인은 외모에서부터 의식과 성격 및 성향까지 차이가 매우 크다. 북방인은 남방에 비해 키가 크고 피부가 상대적으로 옅은 색이고 얼굴형은 긴 편이며 이목구비가 뚜렷한 외모를 가졌다. 영화 〈첨밀밀〉의 남자 주연인 여명(리밍 黎明)이 잘생긴 대표적인 북방형의 외모이다. 남방인은 북방인에 비해 키가 다소 작고 피부색이 짙으며 얼굴형은 넓은 편이다.

　남방인은 '현금 회전이 느린 직업은 일이 아니라 취미 활동'이라고 여기는 반면 북방인은 호탕하고 의리를 중시한다. 상대적이지만 북방에는 이세민李世民이나 원세개袁世凱와 같은 제왕이 많이 배출되었고, 남방에는 소동파蘇東坡나 21세기의 부호 리자오청(李嘉誠)같은 문인이나 상인이 많이 배출되었다.

"북방인은 감투밖에 모르고 남방인은 돈밖에 모른다." "베이징 사람은 다른 중국인을 자신의 부하로 보고 상하이 사람은 외지인을 촌놈으로 본다"라는 말이 있다. 북방과 남방 또는 베이징 사람과 상하이 사람의 기질이 많이 다르다는 것을 알 수 있다.

그 외에도 "베이징에 가지 않으면 자신의 벼슬이 작은지 모르고 (不去北京不知道自己官兒小), 상하이에 가지 않으면 자신이 촌스러운지 모르고(不去上海不知道自己土氣), 광둥에 가지 않으면 자신이 돈이 없는지 모르고(不去廣東不知道自己沒有錢), 똥베이에 가지 않으면 자신이 담력이 약한지 모르고(不去東北不知道自己膽小), 충칭에 가지 않으면 자신이 결혼을 일찍 한 걸 모른다.(不去重慶不知道自己結婚太早)"라는 말도 있다. 그만큼 지역적 특색의 차이가 크다는 것을 알 수 있다.

내가 어릴 때는 지금처럼 음식점에서 초대를 하는 것보다 집에서 음식을 차려 사람들을 초대하는 게 일반적이었다. 중학교에 다닐 때 쯤 있었던 일이다. 저녁 무렵이 되자 사람들이 삼삼오오 옆집으로 모여들었다. 옆집에서 손님들을 초대해 푸짐한 요리와 술까지 곁들여 밤새도록 마시며 떠들었다. 이튿날 아침에 학교에 가려고 나서는데 경찰차에서 경찰들이 우르르 내려 옆집으로 들어갔다. 알고 보니 전날 저녁에 옆집 파티에 참석했던 한 사람이 사망해 조사를 나온 것이었다. 멀쩡하던 가장이 친구의 파티에 참석하였다가 귀가한 뒤 아침에 사망해 있는 것을 보고 가족들은 대성통곡하며 신고하였고, 혹시 먹은 음식에 독극물이 있었는지 의심하게 되었다는 것이다. 부검 결과 사망자는 독한 술을 너무 마셔 위가 타버린 것으로 밝혀졌다.

이처럼 음식과 술을 통 크고 시원스럽게 마시다가 어처구니없는 사고로도 이어지는 곳이 북방이다. 어느 한 북방 사람은 음식점을 개업하고 남방의 요리사를 고용하면서 월급을 미리 지급하는 통 큰 모습을 보였다. 그러나 요리사가 소리 없이 야반도주하자 음식점 사장은 즉시 친구를 대동해 멀리 요리사의 고향 마을까지 쫓아가 흠씬 두들겨 팼다고 한다. 그다지 놀랄 일도 아니다.

사업에 크게 성공하고 크게 망한 사례도 북방인의 호탕하거나 무모한 성격과 연관이 깊다. "베이징 사람들은 사귀기는 부담스럽고, 친구로 삼기는 열정이 너무 지나치고, 상사로 모시기는 너무 어렵다"라는 말도 있다. 베이징이 오랫동안 수도로서 정치 행정의 중심에 있었던 까닭에 그들은 수도 시민이라는 자부심과 체면의식이 강하고 격식을 따지는 보수적인 성향을 가지면서도 대범하고 소탈한 면도 있다. 주머니가 비어 있어도 "어려운 일이 있으면 언제든지 얘기하라"며 서슴없이 말하고 실제로 친구의 어려움을 적극 도와주는 성향을 가진 것이 그들이다.

한국인이 베이징으로 여행을 가거나 유학 또는 파견을 가게 되면 한국에 거주하고 있는 중국인 친구들이 전화로 베이징의 친지나 친구에게 부탁을 한다. 그런 부탁을 받은 현지 중국인은 직접 공항에 가서 한국인을 영접하고 집으로 초대하여 푸짐하게 음식을 차려 대접하거나 며칠씩 묵게 하기도 하고 여기저기 관광도 시켜준다. 귀국 후 대접을 잘 받았다며 감탄을 아끼지 않는 한국인이 꽤 있었다.

베이징을 포함한 북방 남자들의 특징 중 하나는 말하기를 아주 좋아한다. 여자들보다도 더 수다를 즐긴다. 동서남북 고금을 막론하고 이야기 소재는 무궁무진하다. 대화 상대도 가리지 않는다. 택시를 타보면 금방 알 수 있다. 택시 기사들은 정치인과 기업인 또는 연예인들의 스캔들을 뉴스로 들려주기 바쁘다. 어떤 택시 기사는 이렇게 말했다.

"손님 없는 저 가게 장사 안 되는 것 같죠? 저건 장사하는 게 아니에요."

"그럼 뭐예요?"

"거물이 사업한다고 간판만 걸어놓고 돈세탁하는 게 목적이에요. 그리고 저 빌딩은 정치인 아무개의 '얼나이(二奶·첩)' 명의라고 해요."

그 외에노 노시에서 금방 벌어진 쇼킹하고 흥미로운 골목 이야기를 꿰차고 있어 따끈따끈한 뉴스를 전해 주니 승객은 언제 목적지에 도착했는지도 모를 정도다. 마오쩌둥 시대에 숙청되었던 덩샤오핑(鄧小平)이 다시 정치에 복귀하게 될 것이라는 소문도 택시 기사들이 운전석 앞에 작은 병, '소병'을 높이 걸고 다는 것을 보고 알았다. '소평小平'과 '소병小瓶'은 한자 발음이 같다. 얼마 전의 보시라이 사건도 뉴스에서 터지기 전에 택시 기사들이 "곧 거대한 정치 지진이 일어난다"고 먼저 골목 소식으로 전해주었다.

'동방의 파리'라 불리던 항구도시 상하이는 중국의 핵심 경제도시로서 일찍부터 서구문화와 접촉이 잦은 도시였다. 그런 이유로 상하이 사람들 중 많은 사람들이 서구문화를 선호하고 외래문화에 대해서도 개방적인 사고를 갖고 있다. 그들의 문화수준과 경제적 수준 그리고 국제화 수준은 중국의 어느 곳보다 높다. 중국인을 넘어 세련되고 똑똑하다는 자부심을 가지고 있어 스스로를 '상하이 사람(상하이런 上海人)'이라고 소개하기를 즐긴다. 그들은 지적이고 섬세하며 세련된 문화 도시인 이미지가 강하다. 지역적 우월감이 높고 이기적이고 배타적이어서 외지인을 무시한다는 부정적인 이미지도 있다. 이런 이야기가 있다.

상하이 사람과 향촌鄕村 출신의 농민공이 같은 여관에 묵게 되었다. 세련된 상하이 사람은 외모가 초라한 농민공을 사사건건 무시하고 잘난 척 하면서 내기를 걸었다. 상하이 사람이라고 폼을 잡기 위해서였다.

"수수께끼를 한 번 해봅시다. 번갈아 한 문제씩 내고 못 맞힌 쪽에서 100위안을 내도록 합시다."

"그건 불공평하지 않소? 원래 상하이 사람들이 나와 같은 향촌 출신보다 아는 것도 많고 똑똑하니 당연히 내가 불리하지요. 당신이 맞추지 못하면 100위안을 내고 내가 맞추지 못하면 50위안을 주는 걸로 합시다."

상하이 사람은 잠시 머뭇거렸지만 어차피 자기가 이길 게 빤하니 손해 볼 리 없다고 생각하고는 농민공의 제안을 받아들였다. 농민공이 먼저 문제를 냈다.

"다리가 셋이면서 하늘을 날 수 있는 게 무엇일까요?"

상하이 사람이 골몰히 생각했지만 알아맞힐 수 없어서 100위안을 주면서 시골 사람에게 물었다.

"아니, 다리가 셋이면서 하늘을 날 수 있는 게 어떤 거요?"

"난들 그렇게 어려운 문제를 무슨 수로 알겠소? 나도 모르오"라고 하면서 농민공은 50위안을 상하이 사람에게 주었다고 한다.

상하이 남성들은 공처가로도 소문이 나 있다. 여자에게 부드럽고 친절하며 헌신적이다. 그들에게서는 남성 우월주의를 찾아보기 힘들다. 여성을 존중하고 여성의 자유를 존중하지만 이런 이유로 상하이 남자들은 유약하고 남자답지 못하다는 평을 받는다. 북방에서는 "상하이 남자도 남자냐?"며 조롱하는 시선도 있다. 그만큼 상하이 여자들의 기가 강하다는 반증이기도 하다.

그러나 남방인의 전형은 북방과 남방의 중간 지대인 상하이보다 광둥에서 찾아볼 수 있다. 광둥의 중심 광저우는 일찍부터 상업이 발달한 지역으로 이곳 사람들은 상업 의식과 개척 의식이 매우 강한 곳이다. 다른 지역에 비해 정치 그리고 체면이나 세련된 외모에 그다지 관심이 없다. 중국 대륙은 물론 대만에서도 추앙을 받는 쑨원(孫文)이 광둥성 출신임에도 광저우에서는 거창한 정치적인 화제나 역사 또는 문화에 대한 얘기를 듣기 어렵다. 하지만 전 세계의 어느 곳이든 진출해 있는 화교華僑의 대부분은 역시 남방에 속하는 푸젠성 사람들보다 광둥성 출신들이 훨씬 많다.

대체적으로 북방은 대범하고 체면을 중요하게 여기며 통 크게 소비를 하는 체면파와 의리파가 많고, 남방은 꼼꼼하게 계산하며 소비를 하는, 경제적인 면에 가치를 두는 계산파와 실리파가 많다고도 한다.

중국인의
세대별 특징

어느 나라나 인간 사회는 아래가 넓고 위는 좁은 피라미드형이다. 속한 사회에 따라 문화차이가 있겠지만 세계 최대의 인구대국인 중국은 지역과 계층에 따라 문화와 성향이 다르고 편차는 더욱 크다.

현재의 중국인은 크게 문화대혁명 세대, 천안문 세대, 1980년대에 태어난 빠링허우와 1990년대에 태어난 지오링허우의 신세대로 나누어 볼 수 있다.

50대 중반 이상은 문화대혁명 세대이다. 이들은 무뚝뚝하고 거칠고 퉁명스러운 계급투쟁 얼굴을 가진 홍위병 출신이 많다. 문화대혁명은 1966년~1976년 마오쩌둥이 주도한 계급투쟁으로 당시 학생들은 학교에서 공부를 하지 않고 대자보를 써 붙이고 선생님을 비판하는 게 일상이라 시험은 책을 보고 베끼거나 공부를 잘하는 학생의 시험지를 보고 베껴서 제출하면 그뿐이었다. 그러니 반 전체학생은 모두 똑같은 답안지여서 성적의 우열이 없고 경쟁이 없다보니 우월감이나 열등감 또는 스트레스가 전혀 없었지만 배우는 것 또한 없었다. 부모 세대들은 그들을 가리켜 시대를 잘못 만난 '지체된 세대'라고 안타까워 했다.

당시 출신성분이 높은 상류층과 지주나 부농 또는 재산이 많은 집안 그리고 지식인은 비판 대상이었다. 나의 아버지는 재산이 많지도, 상류층도 아니었지만 중농 출신으로 군정軍政대학을 다녔고 해외에 친척이 있다는 이유로 비판 대상에 속했다.

문화대혁명 때는 인간이 모욕감을 느낄 최대한의 수단이 모두 동원되었다. '문화대혁명'이라는 말 그대로 하층계급이 상위계급의 사람들을 몰아내고 비판하고 청산한다는 개념이다. 그들은 비판 대상이 된 사람들을 책상 위에 의자를 올려놓고 그 위에 두 팔이 뒤로 묶여 앉혔다. 목에는 죄목이 적힌 커다란 팻말이 걸리고 머리에는 종이로 만든 높은 고깔모자란 것을 쓰고 군중들 앞에서 인민재판을 받았다. 천방지축인 10대의 홍위병, 배우지 못하거나 가난한 사람들이 세상이 뒤집혀 드디어 한 맺힌 삶이 끝나고 나라의 주인이 되었다며 흥분해서 구호를 외치다 발로 책상을 걷어차면 비판 대상자들은 맥없이 땅바닥으로 나뒹굴기 일쑤였다. 어제까지도 순박하고 친하게 지내던 친구나 이웃이 갑자기 돌변해 비판 대상자를 끌고 다니며 욕하고 투쟁에 앞장 서는 살벌한 분위기에서 사람들은 혼란에 빠져 10년이란 세월을 보내야만 했다. 이렇듯 정치적 술수가 난무하는 문화대혁명을 거치며 생사의 경계를 넘나들었고 경제적으로는 가난에 찌든 부모를 보며 청소년기를 보냈던 세대가 지금의 50대 중반 이상의 장년들이다.

이들은 굴곡이 심한 인생을 살아온 탓에 남을 쉽게 믿지 않으며 속을 감추고 드러내기를 꺼려하고 눈치를 보는 데 민감하며, 모나지 않고 우회적인 표현을 잘 쓰는 '예스맨(하오하오 쎈성 好好先生)' 타입이 많다. 보수적이면서도 보신주의가 몸에 배어 있는 문화혁명 세대는 능구렁이같은 처세술을 능력으로 보는 경향도 있다.

그들은 절대로 앞에 나서지 않으며 지도자들의 노선에 순종하는 것을 생활의 지혜로 삼았다. 사회주의 중국이었지만 "돈은 귀신도 부린다" "가난은 귀신보다 무섭다"라며 돈에 민감하고 돈에 대한 중요성을 가난과 굶주림으로 몸소 깨달은 세대이기도 하다.

이들 세대 중 1960년대에 태어난 50대 초반 아래는 덩샤오핑의 샤하이(下海), 즉 안정된 직업을 버리고 상업에 뛰어든 창업자들이 많다. 사회주의와 자본주의 체제를 동시에 경험한 이들 중 모험심이 있고 공부와는 별개로 상업적 감각을 가진 사람들이 사업에 뛰어들면서 부자들이 대거 탄생하였다.

알리바바의 창업자인 마윈(馬雲)이 대표적인 성공한 사업가이다.

1964년 저장(浙江)성에서 태어난 그는 학교 공부에는 그다지 취미가 없어 수학 점수가 고작 1점이었다. 게다가 싸움을 좋아하는 말썽꾸러기로 여기저기 전학을 다녔고 대학 시험에 두 번 낙방한 후 세 번째에야 저장사범대학 영어과에 가까스로 입학하였다. 잠시 교사 생활을 하였던 마윈은 1999년 알리바바를 창업하여 승승장구하면서 오늘의 작은 거인이 되었다.

1970년대에 출생한 40대는 1989년 천안문天安門 사태를 겪은 낀

세대이다. 의욕적으로 사회 변화를 꿈꾸며 정치적이고 사회문제에 관심이 많아 대학 시절 천안문 사태에 앞장서서 참여하였다가 졸업 후에는 현실적인 문제를 의식하며 사회주의 전통과 자본주의가 혼합된 분위기를 동시에 경험한 세대이기도 하다. 특히 베이징, 톈진 등 수도 주변 도시의 사람들이 사회변화에 더 민감하게 반응하였다. 1990년대 이후 차츰 농촌인은 도시로 향하고 도시인은 해외로 향하며 본격적인 자본주의 시장경제가 자리를 잡아가는 사회 전반의 분위기를 생생하게 체험한 무대의 주인공이기도 하다.

젊은 시절에는 사회문제에 관심을 가졌다가 사업이란 목표로 전환하여 어느 정도의 성공을 맛본 세대가 1970년대에 태어난 40대들이다. 더러는 외국에서 돈을 많이 벌어와 베이징이며 칭다오 등 외지로 나가 사업을 하다가 실패하고 다시 고향으로 돌아와 작은 장사를 다시 시작하는 사람도 있다.

이렇듯 40대와 50대 초반의 세대는 성공과 실패 그리고 부자와 빈자로 엇갈리며 중국 무대에서 생생한 드라마를 연출하는 주연급 배우들이다. 이들은 전통적이면서 현실적이고 집단적이면서 개인적인 동시에 중국 사회 특유의 체면주의도 적당히 가지고 있는 세대이기도 하다. 정체성이 모호한 면도 있지만 돈에 민감하고 과감하게 도전하다가 벽에 부딪치면 과단성 있게 유턴하는 융통성도 겸하고 있다.

신세대는 1980년대에 출생한 세대인 빠링허우와 1990년대 출생한 세대인 지오링허우를 일컫는다. 이들은 중국이 인구 폭발의 두려움에서 1979년 특단의 산아제한 정책을 내놓으며 한 가정 한 자녀로 태어난 '소황제(샤오황띠 小皇帝)집단'이기도 하다. 오늘날 대부분 가정의 전형적인 4+2+1 구조의 시초인 자녀 세대이기도 하다. 친가와 외가의 할머니와 할아버지 4, 부모 2, 아이 1이라 양가 온가족의 관심이 아이 하나에만 쏠리다 보니 아이는 태어나자마자 특별한 대우를 받았다. 비교적 풍요로운 물질과 과잉 사랑을 받으며 온실 속화초로 행복한 유년기를 보냈고 또한 진학률도 높아 대량으로 대학을 졸업하게 된 세대다.

하지만 이들 중에서 졸업 후 사회적응이 쉽지 않음을 실감하면서 심리적인 갈등, 초조, 불안, 조급증, 스트레스, 우울감, 좌절감에 휘둘리지 않는 청년은 극히 드물다. 뚜렷한 목적 의식을 갖고 목표를 향해 달리는 사람 그리고 목적 의식이 없고 망망인파에 휘말려 흘러가는 사람 할 것 없이 경쟁력이 있으면 있는 대로 없으면 없는 대로 누구나 무거운 중압감에서 자유로울 수 없다.

대학을 졸업한 외지 청년이 도시에서 받는 초임 3,000~4,000위안의 월급은 한 달 방세와 맞먹어 혼자 자취로는 버틸 수 없다. 아는 지인들도 도저히 감당이 되지 않아 다시 고향으로 돌아와 취직을 하는 경우도 꽤 보았다. 취업과 결혼 등 경쟁이 이만저만이 아니어서 불안감은 나날이 높아만 간다.

"초등학교에 다닐 땐 대학 등록금이 공짜였는데, 대학에 들어가니 초등학교 학비만 면제가 되네. 철 밥그릇 시대 땐 국가가 직장을 찾아줬는데 우리가 어른이 되니 취업경쟁에 머리 터지네. 어렸을 땐 나라가 집을 분배해 줬는데, 지금은 내 집 마련이 별 따기보다 힘드네. 어릴 땐 바보도 주식으로 돈을 벌 수 있었는데, 요즘 세상엔 주식이 우리를 바보로 만드네. 옛날엔 자전거만 있어도 결혼할 수 있었는데, 이젠 집과 차가 없으면 결혼은 엄두도 못 내게 만드네'라며 신세대는 자조 섞인 유머로 그늘진 마음을 달랜다.

신세대는 매우 현실적이고 지극히 냉정하다. 회사 때문에 법정휴가를 반납하거나 개인 사생활에 지장을 받는 일을 티끌만큼도 수용하려 하지 않는다. "월급 받는 만큼 일하면 되는 것이다"라고 여기는 그들은 몸값 더 쳐주는 곳으로 자리를 빈번히 옮기는 걸 당연하게 생각한다.

그들은 개성이 강하고 이기적이어서 간섭이나 통제 또는 강요를 참지 않으려 한다. 정신적으로 육체적으로 기성세대보다 취약한 면이 있지만 두뇌회전과 지식 면에서는 부모 세대를 앞선다. 사회에서 경제력을 갖춘 신세대들은 브랜드가 곧 신분을 의미하기에 유명 브랜드를 중요하게 여기고 과감한 소비성향을 보이기도 한다. 더러는 대학 졸업 후의 미래보다 오늘을 즐기며 월급 3,000위안을 용돈 정도로 여기거나 월급을 몽땅 써버리는 웨꽝 주(月光族)와 부모님을 떠나지 않고 부모님의 경제력에 의존하여 살아가는 컨라오 주(啃老族)라 불리는 젊은이들도 생겼다.

빠링허우와 지오링허우라 불리는 신세대는 기존 중국인들과 달라도 너무 달라 중국인보다는 한국 또는 서방 젊은이들에 더 가까운 특성을 보인다. 기성세대처럼 정치와 같은 이념적인 문제엔 별로 관심이 없지만 외국 문화와 인터넷에 친숙하고 호기심이 강하여 새로운 사물에 대해 수용하고 글로벌 인재들이 많다.

　이렇게 중국의 중년과 장년 그리고 신세대 등의 각 세대는 성격, 의식, 이념, 문화, 취향이 확연히 다른 양상을 보이면서도 인간사회 속에서 하모니를 이루며 새로운 시대를 열어가고 있다. 중국인이라도 다 같은 중국인이 아니라는 것을 새삼 실감하게 된다.

도시인과
농촌인

　사람들은 농촌의 정겨움, 여유로움, 자연스러움, 자유를 동경하지만 동시에 낙후된, 뒤쳐진 곳이라는 이미지도 갖고 있다.

　그래서 막상 농촌에 사는 것은 꺼려서 모두 휘황찬란하게 발전하는 도시를 동경하고 도시로 향한다. 중국도 예외는 아니다.

　한국에서 중국 현지인이라고 하면 중국인 전체를 말하지만 중국인이 말하는 현지인은 번디이런(本地人)이라 부르며 그 지역 출신을 가리키며 어느 성의 어느 도시인지를 세분화 하여 말한다. 1급 도시인 베이징과 상하이 그리고 각 성의 성도省都인 2급 도시에는 중국 전 지역에서 온 외지인들 와이디이런(外地人)로 넘친다. 공장 노동자나 건설 노동자 또는 서비스업 종사자는 대부분 지방의 외지인이 많고 화이트컬러 중에도 시골에서 온 외지인이 적지 않다. 농촌 사람들은 도시로 일거리를 찾아 떠나고, 2급 도시 사람 또한 1급 도시로, 대도시 사람은 선진국으로 이동하는 현상이 두드러지는 양상을 보이는 유목민 생활이 많아졌다.

중국은 '후커우(戸口)'라는 호구제도를 통해 대도시의 인구를 제한하는 정책을 쓰고 있다. 농촌 주민의 도시 이주를 막기 위해 만들어진 특유의 제도이다. 그래서 후커우를 현대판 신분제라고 부른다. 그러나 개혁개방 이후 급격한 산업화, 도시화가 진행되면서 농촌인들이 도시로 흘러들어와 엄청난 외지인들이 장기 거주하며 일하고 있어서 정부도 이들이 얼마나 되는지 정확하게 파악하지 못하는 실정이다. 중국 정부 역시 도시의 인력난을 해결하기 위해 농촌인들이 도시로 몰려드는 것을 사실상 묵인하기에 이르렀다.

도시에서 외지인을 완전히 차단하고 유입을 막을 경우 노동 시장이 마비되고 그대로 두자니 관리가 어렵다. 마치 한국에서 외국인 노동자를 다 내보내면 건설업과 서비스업종의 마비가 오는 것과 같다. 이들 농촌 출신 노동자들은 농민공이라고 불리며 도시에서 없어는 안 될 노동력이지만 취업은 물론 주택, 의료, 교육, 노후사회복지, 사회보장제도에서 소외되어 있다. 그러다보니 베이징 상하이 등 대도시 후커우의 위력은 대단하다.

베이징, 상하이 등 대도시의 후커우를 얻기 위해서는 다양한 방법이 동원된다. 국영기업에 취직하거나 'IT 기업 등에 취직하는 방법이 있고, 그 외에 대도시 사람과 결혼하는 방법이 있다. 결혼한다고 해서 바로 도시 후커우를 얻을 수는 없다. 10년이 지나야 대도시 후커우를 받을 수 있다. 이러다 보니 어느 도시나 현지인과 외지인이 뒤섞여 하모니를 이루기도 하고 잡음도 생긴다.

중국에서 현지인과 외지인은 처한 상황, 경제 수준, 지식 수준, 성격, 성향, 문화가 확연히 다르다. 같은 도시에 살고 있더라도 많이 다르고 쓰임도 달라 분리해서 볼 필요가 있다. 중국인 모두 거기서 거기라고 생각하고 만나서 일을 하게 되면 일처리가 원만하게 이루어지지 않는 경우가 많다.

대도시의 현지인들은 외지인들과는 달리 상대적으로 가족과 집이 있고, 친구 친지가 있으며, 집과 가까운 직장에 편안하게 다녀 정서적으로 비교적 안정적이며 문화 수준 또한 높아 외지인보다 신뢰도가 높다.

현지인들과 외지인들의 가장 큰 차이는 무엇보다 현지인들은 현지에 꽌시가 있다는 것이다. 중국 현지에 가족이나 친지 또는 친구나 직장 동료가 있는 현지인들은 외지인에 비해 훨씬 수월하게 문제를 해결할 수 있다. 문제가 있을 때 본인의 꽌시로 해결하거나 타인의 꽌시로 도움을 받는다.

미국 기업에 중국인 직원이 한 명 있었다. 그 직원은 평소 회사 규칙을 자주 어기고 성과도 별로 좋지 않아 미국인들로부터 신뢰를 얻지 못하고 있었다. 그러던 어느 날, 중국 지사에 문제가 생겨 회사 간부와 직원들이 문제를 해결하기 위해 온갖 방법을 다 찾아보았지만 속수무책이었다. 그때 별 존재감이 없었던 그 중국인 직원이 꽌시를 총동원하여 복잡하게 꼬인 문제를 처리하게 되었고, 빈둥거리는 모습만 보였던 그에 대한 인식이 달라졌다고 한다.

같은 중국인일지라도 외지인은 현지에 뿌리가 없고 꽌시가 없어서 이런 기대를 하기 어려운 경우가 많다. 그런 외지인들에게 현지의 일을 부탁하거나 영업을 맡기거나 문제 해결을 요구하다가는 낭패를 보기 쉽다.

몇 년 전 어느 한국인과 함께 베이징 출장을 가면서 베이징에 오랫동안 거주하고 있는 외지인 출신의 먼 친척에게 일을 부탁하였다. 그는 오래 베이징에서 살았다며 문제없다고 호언장담을 하였다. 그 친지의 약속만 믿고 갔는데, 막상 가보니 약속과는 다르게 일이 전혀 준비되어 있지 않았고 외국인이나 별반 다름없이 우왕좌왕 좌충우돌의 연속이었다. 최선을 다한다며 수고는 하였지만 결국 일은 뜻대로 풀리지 않았다. 하는 수 없이 급히 다시 현지인에게 부탁을 해 겨우 일을 처리하면서 현지인과 외지인의 차이를 실감했다.

일을 부탁할 경우 대부분의 중국인들은 "문제 없다" "걱정말고 나만 믿어라" 등 화끈하게 대답하고 적극적으로 기꺼이 도와주겠다는 태도를 보이는 사람이 많다. 부탁한 사람은 당연히 기분이 좋고 마음속으로 고마움을 느낀다. 문제는 꽌시와 실력이 뒷받침이 되느냐이다. 두말 할 것도 없이 꽌시와 실력이 되면 문제는 쉽게 풀린다. 하지만 꽌시가 없고 실력이 미약하면 그야말로 '마음은 넉넉한데 힘은 모자란다'며 뒤늦게 미안함에 아쉬운 표정을 지어보일 것이다. 그럴 경우 일을 부탁한 외국인으로부터 "중국인은 허세를 부리고 허풍을 잘 친다"라는 평을 듣게 되는 요인으로 작용한다. 하지만 알고 보면 호언장담하였던 그 중국인도 열정과 마음만 앞섰을 뿐 처음부터 거짓말을 할 생각은 없었을 것이다.

외지인들은 고향을 떠나 대도시에 거주하고 있지만 현지인과 다르게 절박한 처지에 놓여 있어 생존 의식이 강한 경향이 있다. 고생을 두려워하지 않고 직장이나 일터에서 성실하게 일하지만 대우와 급여에 민감하게 반응한다. 직장을 옮길 때 보통 고향으로 "결혼을 하러 간다"거나 "부모님이 아프다"는 핑계를 대지만 워낙 먼 거리이고 땅덩어리가 크다 보니 확인할 길이 없다. 핑계를 대고 다른 직장으로 옮기거나 자기 사업을 하는 경우도 많다. 소외된 계층이라 신분과 안정된 직장 없이 오로지 자신의 개척정신과 노력으로 삶을 책임져야 하기에 믿을 것은 돈밖에 없다고 여기는 것이다. 이들 외지인 중에는 음식점 등 서비스업종이나 공장에서 근무하며 차곡차곡 준비하였다가 갑자기 같은 업종의 사장님이 되어 나타나는 일도 비일비재하다. 이런 과정에서 "뒤통수를 잘 친다"라는 오명도 생겨났다. 중국에서는 작은 업체의 사장과 직원의 관계에서 변수가 많아 사장이라는, 권위적인 모습을 찾아보기 어렵다. 원래도 권위적인 모습을 잘 드러내지 않지만 말이다.

한국인 또는 외국인 사업가들은 정시에 출근하고 칼퇴근하는 중국인들을 이해하지 못하고 조직에 대한 충성도가 낮다는 평가를 하는 경우도 있다. 현지인이든 외지인이든 중국 근로자의 공통점은 조직에 대한 충성도가 별로 높지 않다는 것이다. 정시에 출근해서 정시에 퇴근하며 노동력을 제공하고 정당한 대가를 받는 노동자의 권리를 주장해야 한다는 사고방식이다. 이는 아직도 사회주의 체제에 익숙한 의식의 산물이다.

도시로 유입된 외지인에 이어 농촌에 남아 있는 중국의 농촌 사람들 또한 과거의 전통 농민들과는 달리 새 시대의 변화에 민감하다. 그들은 농번기 때는 농사를 짓고 농한기에는 도시로 나가 장사를 하거나 일용직을 병행하며 농민공이 되기도 하는 등 억척스럽게 살고 있다.

농촌 사람들은 문화 수준이 낮지만 성격이 대범하고 활달하고 활기차며 유머감각이 좋고 거칠지만 부지런하다. 또한 정과 의리가 있고 손님을 좋아하며 열정적으로 환대한다. 아직까지도 농촌의 노인들이 멀리 떨어져 있는 형제자매 등 친척집으로 놀러가서 몇 달씩 머물며 놀다오는 일을 볼 수 있을 정도로 지방이나 농촌은 정이 많이 남아 있다.

같은 중국인이라 하더라도 현지 도시인과 외지인 그리고 농촌 사람들의 성향이 확연히 다르지만 예나 지금이나 중국인의 공통점은 실리적인 면과 참을성이다. 실리적인 면에 대해서는 이미 많은 이야기를 하였으니 여기에서는 참을성에 대한 재미있는 일화를 소개해 본다.

당나라 때의 처세술의 달인 누사득婁師得은 인재를 찾아내는 대단한 안목을 가진 사람으로 알려져 있다. 그의 가장 큰 특징은 잘 참는 데 있다고 했는데, 그는 동생이 지방 관리로 임명되어 갈 때 동생의 다혈질적인 성격을 잘 아는 터라 단단히 주의를 주었다.

"꼬리를 감추고 형님께 누가 되는 일이 없도록 하겠습니다."

동생은 누사득을 안심시켰지만 여전히 안심하지 못하는 형은 동생이 어떻게 처신해야 되는지 물었다.

"누가 제 얼굴에 침을 뱉으면 아무 말 없이 제 스스로 침을 닦겠습니다."

동생이 자신 있게 대답하였지만 누사득은 거듭 당부하였다.

"아니지, 그게 화를 범하는 일이야. 누가 침을 뱉으면 닦지 말고 그냥 두어 침이 저절로 마르도록 해야 해."

공안은
호랑이

한국에 처음 왔을 때 길을 찾지 못해 헤매다가 마침 경찰 순찰 차를 만나 길을 물었다. 경찰관은 친절하게 나를 차에 태워 목적지 까지 데려다 주었다. 낯선 나라에서 차가운 이미지를 가진 경찰관 으로부터 받은 의외의 따뜻하고 친절한 도움은 감동이었다.

한국 경찰들은 동네에서 주민들이 민원을 신고하는 즉시 달려와 해결해 주고 취객들까지도 집으로 데려다 주며 친절하게 봉사하는 자세를 보인다. 하지만 문턱이 너무 높으면 대중과 거리가 생기고 너무 낮거나 없어지면 또한 방종하게 되는 양면성도 있다. 그래서 인지 파출소에서 취객이 난동을 부리거나 술에 취한 운전자나 거친 사람들이 교통경찰에게 함부로 대하는 모습도 현장에서나 텔레비전 을 통해 심심찮게 볼 수 있었다.

한 번은 건물 철거문제로 시공사와 마찰이 생겼을 때 주민들이 신고하자 경찰이 바로 현장에 출동하였고, 경찰 관할업무인지 구청 관할업무인지를 놓고 말이 오가자, "국민의 녹을 받아먹고 일을 제대로 하지 않는다"며 주민들이 화가 나서 경찰에게 호통을 치는 모습도 보았다.

하지만 중국에서 이런 모습들은 상상도 할 수 없다. 술을 마시고 파출소에 와서 술주정을 하면 집으로 모시기는커녕 바로 철창에 가둬 버린다. 중국의 공안은 친절하기보다 딱딱하고 가끔은 위압적이다. 작년 여름 한국 남학생 한 명은 중국으로 유학을 가게 되어 그곳의 공안과 대면했던 느낌을 이렇게 이야기 했다.

중국에 도착해 유학수속을 밟느라 분주했는데, 공안국에서 외국인 신고를 하지 않았다고 첫날부터 일이 꼬였다고 한다.(중국에 장기체류하는 모든 외국인은 반드시 도착 24시간 안에 공안국에 가서 외국인 신고를 해야 한다.) 그 유학생이 공안국에 갔더니 한국의 친절한 경찰과는 달리 고압적이고 사무적이며 딱딱한 중국 공안의 얼굴과 불친절한 태도며 말투에 화도 많이 나고 당황했다는 것이다.

중국의 공안은 법을 수호하고 치안을 책임지는 역할로서의 개념이 더 강하고 그 직업에 대해서도 자부심이 대단하다. 중국인들은 경찰을 가리키는 말로 공안公安이란 명칭을 많이 사용하는데, 공안이란 명칭은 1939년 이후 일반 경찰 기관과 구별하기 위해서 각 지역에 공안국이나 보안처를 설치하면서부터 사용되었다. 개혁개방 이후 1995년부터 경찰이라는 법률적 용어가 공식적으로 사용하게 되면서 공안기관의 모든 인원은 인민경찰이다.

중국은 아직까지 사회주의 국가로서 개인의 권리보다 국가의 질서가 우선시 되는 만큼 국가의 공권력이 막강하다. 그 공권력을 공안이라고 부르는 경찰이 집행하고 있기 때문에 중국인들은 공안이

명령을 내리거나 검문을 하려 하면 긴장하고 순순히 복종한다. 한국에서처럼 민주적인 분위기가 아니어서인지 계급과 신분은 평등하지만 법질서를 책임지는 공안 앞에서는 대부분 대들거나 함부로 대하는 모습을 볼 수 없다.

중국에서는 범법과 불법 행위를 절대 용서하지 않는 살벌한 분위기가 있다. 공안들 스스로나 국민들 모두 그게 당연한 것으로 여긴다. 물론 '법 앞에 만인이 평등하다'는 말이 중국에서도 통하는 것은 아니다. 자국민은 물론 외국인이 중국에서 저지르는 마약, 살인, 강간 또는 중범죄에 대해서는 무기징역에서 사형이 대부분이다. 베이징 상하이를 포함한 대도시의 시장이나 공산당 서기도 뇌물죄로 무기징역을 받거나 사형을 당하는 걸 심심찮게 볼 수 있다.

마오쩌둥 시대에는 북한처럼 일 년에 한 두 번 꼴로 시내의 공터에 초등학생을 포함한 군중을 모아 놓고 심판대회를 열어 범죄자에 대한 상세한 죄목과 함께 형량을 선고했다. 사형선고를 받은 범죄자는 심판대회가 끝나자마자 자리를 옮겨 군중들이 지켜보는 가운데 공개 처형을 했는데, 어린 학생들까지 끼여 있는 시민들이 따라가서 구경을 하곤 했다. 일종의 교육용으로 삼았던 것이다.

지금도 탈북자를 도와 한국으로 보내는 개인이나 단체는 물론 위법한 종교 활동에 대해서도 사정을 두지 않는다. 중국에서 무역회사 간판을 걸고 종교 활동을 하는 한국인이 더러 있는데, 중국에서는 개인의 종교 활동은 자유지만 포교는 위법행위이다. 이런 경우 중국 공안들에게는 일종의 리스트가 있어 감시와 관리 대상이 되고 그 활동이 포착되면 어김없이 감옥으로 가야 한다. 내가 아는 한국인 목사도 이런 종교 활동으로 여러 번 공안들의 조사를 받았고 철창신세를 졌다가 결국 한국으로 추방되었다는 소식을 들었다.

외국인이 중국에서 저지른 위법행위로 처벌을 받는 과정에서 그 엄격한 법집행에 놀라 외부에서는 인권을 운운하지만 추호의 흔들림도 없이 서슬이 시퍼렇다. '인권은 법을 지키는 한도에서만 논할 수 있다. 국민들의 안전을 위협하고 법질서를 지키지 않는 사람에게는 인권을 논할 여지가 없다'라고 못을 박는다. 티벳이나 소수민족 지역에서의 시위나 파룬궁에 강경하게 대응하는 것에 대해 미국을 비롯한 서방국가들이 한 마디 하면 당국은 물론 일반 중국인들도 불쾌감을 드러낸다. "너나 잘 하세요(관 하오 쯔지 管好自己)"라고 말하기 일쑤이다.

한국에서 경찰관과 변호사 그리고 판사와 가까이에서 통역을 하면서 재판 과정을 죽 지켜보았던 사례를 이야기 해보겠다.

2007년경 경찰서에서 중국인 범죄자의 심문 통역과 법원에서 재판 통역을 했을 때의 일이다.

푸젠성(福建省)에서 온 피고인은 한국에서 조직적으로 절도죄를 저지르고 증거가 충분한데도 이를 부인하고 시치미를 떼며 모르쇠로 일관하였다. 경찰들은 화가 머리끝까지 났지만 소리만 지르며 바른대로 말하라고 계속 추궁했다. 그러나 상습적인 중국인 범죄자들은 한국 경찰이 인권을 고려한다는 걸 알고 있어서 긴장하는 기색도 없이 딱 잡아떼기만 하면 법망을 피할 수 있을 것으로 계산하고 있었다.

그들은 내가 중국인이라 동향의 친근감을 느꼈는지 내게 어떻게 하면 법망을 빠져나가고 자신에게 유리하게 판결이 내려질 수 있을지 도움을 청했다. 심적으로 의지가 되어서인지 아니면 지푸라기라도 붙잡는 심정이어서인지 그들은 나의 제안에 순순히 따랐고, 경찰의 심문 조서는 빨리 끝났다.

중국인 범죄자들은 한국에서 범죄를 저지르면서 한국의 경찰에 대한 정보도 많이 알고 있어 어떻게 해야 유리한지 궁리를 하며 준비를 철저히 하고 있었다. 법정에서는 한국의 국선 변호사가 상당히 친절하고 성실하게 중국인 범죄자들을 위해 변호해 주었다. 그들은 "집에는 노모와 어린 자식들이 많아 먹고살기 힘들어 죄를 지었습니다. 한 번만 선처를 해주신다면 다시는 이런 범죄를 저지르지 않겠습니다"라고 호소하였다. 그리고 그들의 동정 유발이 먹혔던지 생각했던 것보다 훨씬 가벼운 처벌을 받았던 것으로 기억된다. 그들은 한국이라는 낯선 환경에서 어느 정도 긴장을 했겠지만 중국의 공안 앞에서보다는 덜 긴장하는 모습이 확연히 보였다.

한국과는 달리 중국에서는 폭행 피의자든 경범죄자든 일단 파출소에만 들어가면 그 즉시 기가 죽는다. 법을 어겼으면 그때는 존중받아야 할 국민이나 시민으로서가 아니라 국가의 질서를 파괴하는 범법자로 대할 뿐, 범법자에게 인권이라는 말은 운운하기 어렵다. 외국인의 위법에 대해서도 손톱만큼의 아량도 없이 내국인과 똑같은 기준으로 법의 잣대를 대거나 더욱 심한 잣대를 들이댄다. 그런 만큼 중국에서의 경찰의 사회적 지위는 한국보다 높고 공권력의 위력도 한국보다 강하며 법집행 역시 한국보다 훨씬 엄격하다.

인권에 대해 왈가왈부하지만 과도기에 놓여 있는, 인구가 많은 중국에서는 엄격한 법집행으로 사회질서를 잡을 수밖에 없다.

'로마에 가면 로마의 법을 따르라'는 말대로 개인이나 조직이나 중국에 가면 중국의 법을 따르고 중국의 규칙을 따르는 것이 상책이다. 옳고 그름을 따져봐야 본전을 찾기도 어려울 뿐만 아니라 법을 위반한 이후 꽌시를 찾는다고 될 일도 아닌 곳이 중국이다.

중국의
운전기사는 왕

공식적으로 '직업에는 귀천이 없다' 라고들 말한다. 그러나 현실에서도 진짜 그럴까? 그렇지 않다는 것은 누구나 알고 있다.

유교문화와 한자 사용 그리고 외모 등 겉보기에 한국과 중국 두 나라는 닮은꼴이 많다. 그러나 신분계급과 직업의 귀천 의식이란 면에서는 한국과 중국 두 나라의 문화적 편차가 매우 크다.

청말민초(淸末民初: 청나라 말기와 1920년대까지의 민국 시기)까지 중국은 신분과 계급이 뚜렷하다가 중화인민공화국이 들어서고 계급투쟁으로 인해 계급의 경계선이 완전히 무너졌다. 이상적인 사회주의 국가를 꿈꾸며 경제는 파탄이 났지만 사람 사이에 차별이 없는 인류애란 측면에서는 너무 매혹적이어서 한 줌의 혁명이란 불꽃이 중국 대륙을 붉게 물들게 한 원동력이 되었다.

어쨌든 오늘날 중국도 개혁개방으로 인해 빈부격차가 심해지면서 모호하던 신분의 경계가 예전보다는 드러나고 있지만 아직까지는 직업의 귀천 의식이 확연히 드러나는 분위기는 아니다. 겉으로 드러내는 순간 공공의 적이 될 것이다.

지난해 겨울 중국에 갔을 때는 버스를 주로 타고 다녔다. 두 여성 승객이 버스를 잘못 탔는지 뒤에서 조용히 버스 기사에게 다가가 물었다.

"사부님(쓰푸 師父)! 도리구로 가려고 하는데 그 쪽으로 가지 않나요?"

"예? 이 버스는 도리구로 가지 않아요. 왜 일찍 말하지 않았나요? 지난 번 정류장에서 내려서 갈아탔어야 해요. 뭘 하고 있었나요?"

"미안합니다! 저희가 버스를 잘못 탔네요. 좀 내려줄 수 없나요?"

"안 돼요. 다음 정류장에서 내려요!"

무뚝뚝한 얼굴의 버스 기사는 퉁명스럽다 못해 매우 불친절했다. 두 승객은 버스 노선을 잘못 타서 당황한 데다 버스 기사까지 불친절하게 훈계만 하자 민망한 모습으로 입을 꾹 다물고 다음 정류장까지 가서 내릴 수밖에 없었다.

시외버스를 탔을 때도 예외는 아니었다. 시외를 벗어나는 톨게이트에 차들이 줄을 길에 늘어서 있자 버스기사는 참을성 없이 '빵~ 빵!' 하며 계속 경적을 울렸다. 앞 차가 꿈쩍도 하지 않자 운전기사는 목을 차창 밖으로 내밀어 안내 남성에게 소리쳤다.

"무슨 일이에요?"

"앞 차가 뭔가 잘못되어 지체되고 있어요."

"앞 차 주인과 아는 사이에요?"

"아니요, 모르는 사람이에요."

"그럼 뭘 꾸물거려요? 옆으로 비키라고 해야지."

버스 기사는 즉시 '빵~빵~빵!' 귀를 째는 듯한 경적을 더 길고 요란하게 울렸다. 실제보다 더 길게 느껴졌을 수도 있지만 아마 5분 이상 될 긴 시간 경적을 울려 참기 어려웠는데 나만 예민한 것 같았다. 그 곳에서 한참 동안 대기하고 있을 때 자리를 꽉 채운 승객들은 누구도 아랑곳 않고 한 마디 항의도 없이 텔레비전을 보는 사람, 음악을 듣는 사람, 수다를 떠는 사람, 눈을 감고 잠을 청하는 사람 등 각양각색의 느긋한 모습이었다.

그 버스 기사는 그야 말로 버스에서 왕의 지위를 누렸다.

중국에서 운전기사는 사회의 하층 직업으로 하대를 받거나 무시를 당하지 않는다. 오히려 그 반대이다. 운전기사들이 친절하지도 주눅이 들어 있지도 않고 오히려 운전기사가 승객보다 위인 경우가 많다. 버스에서는 운전기사가 왕이기 때문에 운전할 때만큼은 운전기사 마음이다. 그러니 승객들은 길을 물을 때도 깍듯이 "쓰푸(師父)"라며 부탁을 하는 것이다.

어떤 이발사의 말이 떠오른다.

"대통령님일지라도 머리를 나에게 맡겼을 때는 나의 말을 들어야 한다. 아니면 그의 머리를 망치니 말이다."

기업의 회장이나 사장의 개인 운전기사 역시 회장이나 사장의 최측근으로 많은 비밀을 공유하기도 한다. 그러므로 운전기사를 하대하거나 함부로 대하지 않을 뿐더러 가족처럼 대하는 경우가 많다. 그래서인지 초특급 정보가 운전사로부터 흘러나오는 일이 적고

비밀을 철저히 유지하며 한 가족처럼 움직이는 모습을 볼 수 있다. 운전기사들이 회사를 상대로, 사장의 비밀을 폭로하는 일을 중국에서는 보기 어렵다.

한국의 버스 기사 지위는 중국과는 엄청난 차이가 있는 듯하다. 몇 년 전 미국에서 온 손님 일행과 함께 관광버스를 타고 내장산을 가면서 목격한 한국인의 직업에 대한 귀천 의식은 충격적이었다.

붉게 물든 단풍으로 유명한 관광지라 관광객들로 북적였는데, 한국의 대부분의 서비스업종이 그러하듯 관광버스 기사는 상당히 친절하게 그리고 정성을 다해 손님들을 모셨다. 그런데 돌아오는 길에 승객 한 사람이 무엇이 못마땅했는지 버스 기사에게 시비를 걸었다. 버스 기사가 애써 참고 넘어가려 했지만 승객의 언성은 더 높아졌고 아예 호통까지 치며 상대를 무시하는 태도가 역력했다. 그러자 꾹 참고 있던 버스 기사는 더 이상 참지 못하고 반격에 나섰다.

"내가 운전을 하고 있으니 그렇게 우습게 보여요? 나 이 관광버스의 사장이야. 보자보자 하니 아주 사람을 함부로 대하네."

그러자 승객의 기세는 처음과는 다르게 누그러들었다. 관광버스 사장이라는 말에 주눅이 들었는지, 술이 깼는지, 일행 중 누가 말렸는지 한동안 시끄럽던 차 안은 조용해졌다. 만약 관광버스 사장이 아니라 고용된 버스 기사였다면 술에 취한 승객의 행패가 끝났을까 하는 생각이 들었다. 물론 어떤 승객은 운전기사에게 상당히 친절하게 "수고 하셨습니다"라고 인사를 하는 모습을 볼 수 있다. 중국에서는 승객과 운전기사 사이에 친절도 무시도 볼 수 없다.

한국의 부촌에 가보면 대저택 앞에는 어김없이 단정하게 옷을 차려입은 운전기사들이 하나같이 차렷 자세로 고급승용차 옆에 서서 대기하고 있다가 회장님이 나오면 90도로 인사를 하며 긴장된 모습으로 차문을 열어주고 운전석에 오르는 모습을 볼 수 있다.

중국과는 다르게 회장과 운전기사는 가장 가까이 있지만 가장 먼 관계로 가까이 할 수 없는 사이이다.

한국의 서비스 직종은 친절 교육이 대단하다. 고객을 왕으로 모시는 분위기이다. 중국인들도 한국의 이런 친절한 환경과 마주하면 덩달아 허리가 굽실거려지고 저절로 친절 모드로 변하게 된다. 한국인들과 며칠만 같이 있으면 한국인처럼 90도 자세로 "아~네!" 하면서 뜻도 모르는 한국말을 곧잘 따라하며 흉내를 낸다.

베이징의 기업인들과 함께 제주도에 갔을 때였다. 중국 손님들은 잠시 걷다 셔틀버스가 오자 한국인 여성 이사에게 허리를 굽히며 먼저 오르라고 하였다. 그러자 한국인은 손님이 먼저 올라야 된다며 서로 양보하는 사이 셔틀버스의 기사는 우리가 탈 의향이 없는 줄 알고 차를 출발시켰다. "오 마이 갓!(티엔나 天啊) 이를 어쩌나? 이게 아니었는데." "예(禮)가 너무 많아도 일이 지체 되는군요"라며 다들 한바탕 웃었다.

중국인들은 한국의 예절문화를 체험하고 신기해 하며 재미있어 했다. 아직까지는 상점, 서점, 음식점 등 서비스 분야의 어디를 가봐도 한국처럼 친절 모드를 보기 드문 중국이다. 지위고하에 대한 의식이 약한 편이라 종업원들은 친절하지도 않고 목소리를 낮추지도 않는다. 상명하복이라는 견고한 봉건의식이 철저히 깨지고 사회주의 평등의식이 강한 중국인이라 고용인이 마음대로 노동자를 해고하는 것도 쉽지 않다. 노동자들이 단체로 움직이면서 자신들의 권리를 적극 찾기에 그 위력이 대단하며 당당한 모습이어서 하층계급에 대한 차별은 아직도 적은 편이다.

중국에서는 노동자나 서비스업 종사자 등에 대한 차별적인 언행이나 태도에 상당히 민감하다. 외국인 또는 외국기업은 매우 신중하게 처신해야 할 필요가 있다. 지위 고하, 학력, 능력의 차이는 있지만 사람의 체면, 자존심 그리고 사람 대우를 받고 싶어 하는 욕구는 귀족이나 하층계급이나 차이가 전혀 없다.

그러나 일부 사람들은 그런 욕구가 마치 신분이 높은 사람들, 부유한 사람, 윗사람들의 전유물로 간주하고 신분 차이에 대한 생각을 노골적으로 드러내며 자신이 우월하다는 것을 보이고자 시시때때로 우열을 가리려는 의식이 있다. 그로 인해 사회는 늘 갈등과 충돌의 원인이 되지만 한국인과 중국인 또는 한국인과 외국인의 사이에서도 이런 의식이 자존심과 감정을 상하게 하여 갈등과 충돌로 이어지게 하는 요소로 작용하게 된다. 중국인과 교류에서 이런 의식은 소통의 장애물로 작용하지만 약간의 주의만 기울여도 얼마든지 갈등과 충돌을 막을 수 있다.

chapter 7

여인천하
중국

여자는
반쪽 하늘

한국에는 '남자는 하늘, 여자는 땅'이라고 하는 말이 있다. 중국에서는 여자를 가리켜 '반쪽 하늘(빤비엔 티엔 半邊天)'이라고 한다. (솔직히 여자들의 노동력을 활용하기 위한 측면도 없지 않지만) 여자들이 일찍부터 사회에서 활발하게 경제활동을 하였던 중국은 남존여비 의식이 남아 있는 한국과는 대조적이다.

마오쩌둥 시대에는 남존여비 의식과 봉건사상은 물론 심지어는 공자 사상까지도 비판하고 타파하려 했다. 이런 문화 배경으로 중국인들은 남녀평등이란 관념이 확고하여 여자는 '반쪽 하늘'이라는 인식이 강하게 자리잡고 있고 가정의 실세로서 모든 결정권이 여자에게 많이 기울어 있는 편이다. 반쪽 하늘이 아니라 하늘의 2/3를 차지하고 있지 않나 싶을 정도로 여자들의 목소리가 높다.

중국에서는 한국인처럼 '여보' '당신'이라는 부부지간의 특별한 호칭을 쓰지 않고 자유롭게 서로의 이름을 부른다. 가정에서 경제권은 물론 자녀교육과 사교 또는 여가 활동과 쇼핑 등 거의 모든 분야에서 여자의 주장이 많이 반영되어 남자들에 의해 결정되는 것은 그다지 많지 않다. 식사도 대부분 남편이 준비한다. 여성들은 가사노동에서 일찍부터 해방되었다. 중국 여성들에게 한국 여성들이 겪는 고부갈등이나 명절증후군은 생소한 일이며, 가정에서나 사회에서나 기를 펴고 산다.

남자들 역시 아내를 인정하여 참모로 활용하고 밖에서나 가정에서나 반쪽 하늘의 지위를 드러내는 걸 자연스럽게 받아들인다. 남편들은 퇴근 후 거의가 곧장 집으로 돌아가 식사준비를 하거나 가족과 함께 시간을 보내는 게 일반적이다. 직장에서의 회식도 한국만큼 잦지 않다. 승진이나 생일 또는 특별한 날에 회식을 할 때는 음식점에서 식사와 술을 함께 하는 1차로 끝내고 대체적으로 귀가 시간을 잘 지킨다. 중국이나 대만 등 중화권 나라는 밤 문화가 한국만큼 활성화 되어 있지 않아 늦은 시간엔 거리가 조용하다.

한국에서 스크린골프 사업이 포화 상태가 되자 발 빠른 한국인들이 중국이나 대만으로 옮겨 똑같은 시설과 운영 방식으로 영업을 했다. 그럼 대만에서도 인기가 폭발하고 대박이 났느냐 하면, 안타깝게도 대박은 고사하고 쪽박을 차서 철수하는 사람이 많았다고 한다. 중국 남성들은 밤 문화를 즐기지 않으며 일찍 자고 일찍 일어나는 전통적인 생활 패턴이 아직 자리하고 있기 때문이다. 이런 걸 보면 문화가 사업과도 직결되는 문제여서 현지 문화를 이해하는 게 얼마나 중요한지 알 수 있다.

중국의 사회 분위기가 이렇다 보니 공처가를 가리키는 치관옌(妻管嚴)이 많다. '치(妻)'란 아내이고 '관(管)'은 관리란 뜻이고 '옌(嚴)'은 엄격하다는 뜻이다. 즉 아내의 관리를 엄격하게 받고 있는 남자 또는 여자의 통제를 받고 사는 남자라는 의미이다.

어떤 남자를 가리켜 "기관지염에 걸렸다(치관엔 氣管炎)'라는 말을 자주 들을 수 있는데, 공처가(치관엔 妻管嚴)와 기관지염(치관엔 氣管炎)의 단어가 한자만 다를 뿐 발음이 같기 때문이다.

농촌이나 체면을 중시하는 전통 관념이 많이 남아 있는 지방일수록 남자들이 공처가라는 의미의 "기관지염에 걸렸다"라는 말을 꺼려 한다. 터프한 타입의 남자들은 "난 치관엔이 아니다"라고 진지하게 극구 부인하는 반면 도시의 부드러운 남자에 속하면 특히, 상하이 등지의 남편들은 "난 치관엔이다"라고 순순히 인정하고 농담을 하며 웃어넘긴다. 중국 남자들은 가정에서 대체적으로 굳이 여자들과 자존심을 다투며 우위에 서려 않고 "가족의 평화를 위해 마나님의 말을 잘 들어야 한다"며 너스레를 떤다.

길거리에서나 또는 운전하다가 충돌이 생겼거나 다툼이 벌어졌을 때, 중국 남자들이 "여자가…"라는 말을 하는 사람은 찾아 볼 수 없다. 중국 여자들은 그런 말을 들었을 경우, 분명히 "여자가 왜?"라며 즉시 되받아 칠 것이 빤하다. 중국 남성들은 다툼이 생겼을 경우, 되도록 여자에게 양보를 하거나 피하는 경우가 많다. 자칫 운이 나빠 거친 여자를 만나면 그 뒷감당은 참 망신스럽다. 속사포처럼 쏘아대는, 몇 옥타브를 넘나드는 귀에 거슬리는 고음의 목소리를 쏟아내는 여자를 일반 남자들이 상대하기는 상당히 난감한 문제이다. 또한 "남자가 왜 여자와 싸우느냐?"라는 시선도 따갑기만 하다.

중국 사회에서도 성희롱이나 성추행이 발생하기 마련이지만 인구에 비해 발생 횟수가 많지 않을 뿐 아니라 피해 당사자가 쉬쉬하는 경우도 없다. 그녀들은 당당하고 강력하게 대응하며 주변의 시선을 모두 끌어올 정도의 고성과 함께 남자에게 따귀를 날리기도 한다. 드라마에서만 볼 수 있는 장면이 아니라 실제의 일상에서도 목격할 수 있는 풍경이다.

중국에서는 어릴 때부터 여자를 차별하지 않는 풍토와 오히려 기를 세워주는 가정환경 그리고 남녀평등의 사회분위기가 형성되어, 각계각층에서 지도자로 활약하는 여장부들을 많이 배출하고 있다. 비즈니스업계에서 여성들의 비중이 높은 것도 한국과는 확연히 다르고 임원 등의 직급에서 여성이 차지하는 비율도 약 25%에 달한다. 특히, 대기업의 구매나 재무 분야의 최고 책임자는 상당수가 여성이 차지한다. 개인사업을 하는 여성 사장님들이 많을 뿐만 아니라 대표가 남편이더라도 실권은 아내가 쥐고 있는 경우가 대부분이다. 이런 풍토이다 보니 때론 도가 지나쳐 악녀도 배출된다.

보시라이의 부인 구카이라이는 어릴 때, 문화대혁명의 피해자로 아버지가 감금되면서 곤궁한 생활을 하였다고 한다. 위로 네 명의 언니가 있었지만 다섯째 딸로 태어난 그녀는 초등학교 때 이미 식품가계에서 고기를 단칼에 잘라 파는 솜씨를 보여 어른들을 놀라게 했다고 한다. 빼어난 미모를 갖춘 그녀는 베이징대학 법대를 졸업해 변호사로 승승장구하면서 중국의 2인자 자리가 유력하던 남편까지 얻어 모든 것을 동시에 가진, 그야말로 여왕이었다. 충칭시 공안국장 왕리쥔이 구카이라이를 다섯째 형(우꺼어 五哥)이라고 부를 정도

로 모든 면에서 보통 남자들을 능가했다. 그녀는 남편의 지위에 못
지않게 정면에 나서서 사업을 하다가 뜻대로 일이 풀리지 않자 영
국인 사업가를 살해하는 독한 모습까지 보였다.

　한국은 여성 대통령이 등장하였지만 여전히 유교문화가 뿌리 깊
어 상대적으로 중국과 비교하면 아직도 남성 우위의 사회이다. 그
래서인지 중국 여성들이 한국에서 오래 살게 되면 자연스럽게 나긋
나긋해지고 순종하는 한국 여성처럼 순화되어 간다. 한국어로 얘기
할 때는 톤이 낮아지고 부드럽게 말하다가도 중국어로 얘기할 때면
바로 강한 억양이 나오는 것을 느낄 수 있다.

　중국인 연예인이 섞여 있는 여성 아이돌 그룹이 있는데, 한국에
있을 때는 서툰 한국어와 문화와 환경이 낯설어 다소곳하고 귀여운
이미지였다. 그런데 공연을 위해 중국 공항에 도착하자마자 180도
돌변한 그녀를 보고 동료들이 깜짝 놀랐다고 한다. 한국에서의 귀
여운 막내 여동생 이미지에서 중국에서는 순식간에 맏언니로 변신
했다는 것이다.

　중국의 여자들은 '반쪽 하늘(빤비엔 티엔 半邊天)'이라는 별명대로 사
회 각 분야에서 남성들과 어깨를 나란히 겨루며 일한다. 여성이라
고 내숭을 떠는 모습이나 여성으로서 특별한 대우를 바라는 모습
은 별로 없다. 오히려 여자로 취급하게 되면 기분나쁘게 생각할 수
있다. 여장부라는 말을 듣기 좋아하는 능력 있는 여자가 많다. 중
국 여성들은 한국 여성들과 같은 동양 여성이지만 의식은 서양
여성에 가까워 한국 여성과 다르게 봐야 하고 다르게 대해야 할
것이다.

북방 여인과
남방 여인

　같은 여성일지라도 연약하고 귀여운 여성이 있고, 남자를 능가하는 강인한 여성이 있다. 말을 들어 보면 생각과 성격을 알 수 있고 그 사람을 짐작할 수 있다.

　"경사스러운 날에 왜 웁니까?"

　황제를 보필하는 재인才人이라는 후궁으로 황궁에 들어가는 딸이 애처로워 눈물을 뿌리는 홀어머니에게 14세 딸이 맹랑하게 던진 말이었다.

　"구중궁궐에 들어가는 너를 언제 또 보겠느냐?"

　"이 딸은 장차 황후가 되려는 뜻을 도모하고자 황궁에 들어가는 겁니다."

　624년 지금의 산시성에서 태어난 평민 출신의 무측천武側天은 황궁에 들어가 끝내 비빈들과 황후를 제치고 황후의 자리에 올랐다.

　그녀는 태어나 규방에 갇혀 실타래를 갖고 놀아야 했던 여성의 한계를 뛰어넘어 말 위에서 천하를 다투던 남성들을 제치고 제 스스로의 힘으로 당唐 나라를 밀어내고 주周를 세워 황제란 자리를 차지하였다. 사회적 약자인 여성이란 한계와 평민 출신이란 낮은 지위를 뛰어넘어 황제의 자리까지 차지한 여걸인 그녀는 전형적인 북방형 여인의 강한 기세를 타고났다.

마오쩌둥의 세 번째 처인 짱칭(江靑) 역시 북방 출신으로 현대판 여황제를 바라볼 만큼 그 기질이 억셌다. 무려 천여 년이나 이어지던 전족纏足의 풍습이 남아 있던 시기, 산둥성에서 태어난 그녀는 천으로 꽁꽁 싸매어 발을 작게 하는, 여자에게 주어지는 전족이란 족쇄를 벗어나려 했다. 강요에 의해 전족을 하는 소녀들과는 달리 밖에 나가 놀 때에는 과감히 전족을 풀었다. 남자의 한 손아귀에 쥐어지는 앙증스런 전족이 아닌 큰 발을 지닌 짱칭은 고향을 떠나 동서양의 교차로인 상하이에 정착한다. 배우로서 활약하다가 마오쩌둥을 만나 권력의 심층부로 다가갔지만 주석 마오쩌둥의 부인이라는 것에 만족하지 않았고 4인방4人幫의 중심으로서 꾸준히 야심을 키웠다. 끝내는 최고의 권력을 손에 쥐려다 감옥에 갇혔지만 그곳에서도 기개는 굳어 자살로 생을 마감하였다.

측천무후와 짱칭처럼 북방 여인에게는 남성다운 기질이 많아 대체적으로 애교가 없고 성격이 쾌활하며 대범하다. 성격이 드세고 거침 없으며 격식을 따지지 않는 시원스러운 말괄량이형이 많다. 인색한 것을 가장 경멸하는 그녀들은 통이 크고 괄괄하여 언뜻 거친 남성적인 이미지가 풍긴다. 돈을 쓸 때에도 한 푼 두 푼 따지며 계산하는 것은 질색이며 가계부를 쓴다는 개념도 없다.

'쩨쩨하고 쪼잔하다(샤우치 小氣)'는 말을 가장 듣기 싫어하고 꼼수 부리는 걸 부끄럽게 여기는 북방 여성들은 직설적이고 활동적이다. 어떤 일이 있어도 뒤로 빠지지 않고 앞장서며 직장에서도 남자들과 똑같이 겨룬다. '여자는 연약하나 어머니는 강하다'는 말처럼 한국 여성들은 결혼 후 아이를 키우면서 점차 강인해지는 모습이지만 중국의 북방 여성들은 애초부터 강하다.

중국의 퍼스트레이디 펑리웬 역시 북방인 산둥 사람이다. 펑리웬은 가정과 군예대 장성이라는 직업 또한 중요시 하는, 강하면서 부드러운 북방과 남방의 특성이 고루 섞인 이상적인 성격이다. 그녀는 활발하고 친절하며 시원시원하고 친근감이 있는 데다 격식과 틀이 없다는 평을 받는데, 이는 전형적 북방인 중에서도 가장 신뢰받는 산둥 사람의 대표적 성품이다.

중국인들은 공자의 고향인 산둥의 이런 소박하고 시원한 성품을 아주 좋아하고 인기가 많아 산둥과 조금이라도 연관이 있으면 산둥 사람이라고 스스로를 소개하는 사람이 많다.

수도인 베이징 여자들은 대범하면서도 문화적인 격조를 따진다. 그녀들은 지나치게 세속적이지 않다. 그녀들이 바라는 남성상 또한 무조건 돈이 많은 남자가 인기 있는 것이 아니라 돈도 있고 지식도 있고 예술도 알며 문화적인 격조를 아는 남성이 인기 있다. 베이징 여성들은 일반적인 북방 여성들과는 달리 남편의 체면을 세워줄 줄도 안다.

그러나 베이징과 가까운 톈진(天津) 여성들은 성질이 사납고 욕도 거침없이 잘하며 솔직하고 직선적이다. 또한 꾸미거나 감추지 못하고 좋고 싫은 감정을 분명하게 드러낸다. 베이징 여성들과 비교하면 한참 거칠고 격식이 없는 말괄량이에 가깝다. 상대방에게 애교를 떠는 지나친 여성스러운 말투를 '닭살 돋는다'라며 극도로 싫어한다. 그러나 나긋나긋하지 않고 퉁명스럽게 대하는 건 톈진 여성들이 친하다는 감정 표현의 한 신호이기도 하다.

남성들의 보호 본능을 자극하는 여리고 나약한 여성들을 북방에서는 찾아보기 어렵다. 남성과 똑같이 일하고 돈도 잘 벌고 잘 쓰기도 하며 남자에게 얻어먹거나 의지하려는 생각이 없는 게 대체적인 북방 여성의 특징이다.

전통적으로 남방 여성은 아담한 체구에 성격이 온화하며 언변 또한 우아하고 옷차림이 세련되어 귀여운 느낌이 드는 유형이 많았다. 중국의 4대 미녀 중 하나로 꼽히는 서시西施는 귀엽고 아름다운 자태로 지금도 중국인들의 사랑을 받는 대표적인 남방 미인이라 할 수 있다.

서시는 기원전 5세기경 춘추시대 말기에 나무꾼의 딸로 태어났는데 뛰어난 미모를 타고났지만 심장병의 통증으로 미간을 찡그리는 자태까지 아름다웠다고 한다. 그래서 당시에는 여자들이 서시의 미간을 찡그리는 표정을 너도나도 흉내를 내는 것이 크게 유행되었다고 한다. 소문난 추녀인 동시東施까지 따라하자 어찌나 추했던지 남자들이 피해 다녔다는 일화에서 동시효빈東施效顰이란 고사성어가 생겼을 정도다.

남방 여성의 대표라고 할 수 있는 상하이 여자는 눈치가 빠르고 국제적 감각이 뛰어나고 패션과 스타일이 세련되었으며 상대를 어떻게 대할지 매우 계산적이라고 평한다. 오늘날의 상하이 여성들은 베이징 여성보다 기가 드세 북방 여성과 막상막하라고 평한다.

'충칭(重慶)에 가보면 일찍 결혼한 것을 후회한다'라는 말이 있을 정도로 충칭 여자들은 멋을 좋아하고 미모가 뛰어나 길들여지지 않은 개성이 있어 매력적이라고 한다. 그녀들은 주량도 세고 말솜씨도 좋다. 자신감이 충만하여 다른 여자를 질투하기보다 "그 여자 한번 데리고 와 보라구. 나보다 괜찮으면 맛있는 음식을 대접하겠지만 나보다 못났으면 빵 차서 내쫓아버릴 거야"라는 대범함으로도 유명하다. 미모에 능력까지 겸비하여 돈도 잘 벌고 구매력도 상당히 높아서 질 좋고 디자인이 좋은 제품에 돈을 아끼지 않으니 충칭에서 여성 소비자를 겨냥한 사업이나 장사도 괜찮을 것이다.

보통 미인이라고 하면 옛날에는 '소주와 항주에서 미인이 나온다(杭洲蘇洲出美人)'라는 말이 있는데, 현대에는 상하이나 충칭 등 대도시에 몰려 있다. 북방의 미인은 키가 크고 늘씬하며 눈이 크고 이목구비가 뚜렷한 시원스런 미인형이 많고, 남방의 미인은 피부가 하얗고 부드러운 여성스런 미인형 얼굴이 많다.

남쪽에서 났든 북쪽에서 났든 최고 미인과 각 분야의 스타나 고수는 종합예술가이다.

아무튼 오늘날의 중국 여성들은 북방 여인이든 남방 여인이든 한국 여성에 비해 파워가 강하고 외모부터 성격에 기질까지 대체적으로 억센 이미지가 두드러진다.

중국인의
연애 풍속도

　"키 170센티미터 이상, 준수한 외모, 학력 대졸, 안경 착용한 남성을 구합니다."

　이것은 구혼광고가 아니라 인터넷의 알바 애인 구하기 광고이다. 안경 착용을 조건으로 내건 것은 지적인 이미지의 대졸 학력을 부각하기 위함이란다.

　대학 졸업자가 늘어나면서 '따링난(大齡男) 따링뉘이(大齡女)라는 결혼 적령기를 넘긴 남녀를 가리키는 말이 생겼다. 중국도 대학을 졸업하더라도 취업난이 워낙 심해 안정된 직장을 찾고 나면 30세를 훌쩍 넘기기 일쑤다. 부모님 세대의 25세 전후란 결혼 적령기와 비교하면 모두 노처녀 노총각 대열에 속해 고학력 자녀를 둔 부모들은 걱정이 이만저만이 아니다.

　명문대나 좋은 대학에 들어가게 된 기쁨도 잠시 금방 자녀의 결혼문제로 골머리를 앓는 게 유행이 되어버렸다. 명절 때마다 수 억 명이 대이동을 하는 중국에서 도시의 직장인이나 대학생 자녀를 둔 부모님들은 음식을 잔뜩 준비해 놓고 눈이 빠지도록 기다린다.

고향을 떠나 멀리 도시에 머무는 자녀들도 고향의 이런 정겹고 풍성한 명절 풍경이 그리워 24시간이 걸리는 먼 거리도 마다하지 않고 출렁거리는 인파 속으로 끼어든다.

그러나 이제는 이런 설렘도 결혼 상대가 있는 젊은이들의 몫이다. 결혼 적령기를 넘긴 여자친구나 남자친구가 없는 자녀들에게 명절은 오히려 부담이 된지 오래다.

"직장은 찾았니?"

"여자친구는 언제 데리고 올 거냐?"

"남자친구는 언제 데리고 올 거냐?"

"이러다가 결혼 못하는 거 아니냐?"

"손자 손녀 언제 안겨 줄 거냐?"

가뜩이나 초조한데 녹음기를 틀어놓은 듯한 잔소리는 딱 질색이다. 이 핑계 저 핑계 다양한 거짓말로 둘러대는 것도 다 써먹은 빤한 핑계가 되어버렸다.

한국만큼이나 중국에서도 결혼하기는 만만치 않다. 직업이나 주거 등의 조건 외에도 땅이 워낙 넓다보니 주말부부는 걱정거리에 속하지도 않을 정도이다.

"부산이 서울에서 먼가요?"

"네 아주 멀어요. 차로 다섯 시간 거리예요."

"다섯 시간 거리라고요?! 가깝네요. 그럼 옆 집이지요."

같은 다섯 시간 거리를 한국인은 아주 멀다 하고 중국인은 아주 가깝다고 한다. 지리적인 환경이 다르다보니 각자 느끼는 바가 다를 뿐 모두 맞는 말이다. 이런 사정이다 보니 대학교를 졸업하고 같은 도시에서 직장을 구하지 못하면 연인 사이의 고민이 클 수밖에 없다. 그야말로 현대판 견우와 직녀 신세가 되는 것을 택할 것이냐 현실적인 정략결혼을 할 것이냐의 문제다. 이래서 '남은 여자(썽니 乘女)' '남은 남자(썽난 乘男)'가 넘쳐나는 중국이다. 남은 여자 남은 남자라는 뜻이지만, 못나서가 아닌 너무 많이 배우고 잘난 이유로 남게 된 여자와 남자다.

그럼 부모님의 성화에 어떻게 대처할까? 방법은 언제나 있는 법. 중국인이 늘 달고 사는 말 중에는 '위에 정책이 있으면 아래는 대책이 있다(쌍유쩡처 싸유뚜이처 上有政策 下有對策)'라는 말이 있다. 정부의 정책에 백성은 대책부터 세우는 사회주의 사회의 오랜 전통을 청년들이라고 답습하지 않을 리 없다.

부모님의 독촉을 피해 고안한 방법이 바로 인터넷 애인 찾기라는 기발한 아이디어다. 알바 여친이나 남친을 데리고 가서 부모님께 소개시켜 귀 따가운 성화는 피하고 고향의 부모님도 뵙고 명절을 보내면 안 될 것도 없다. 운이 좋으면 그사이 정이 들어 가짜 애인이 진짜 애인으로 바뀌는 일석이조의 행운도 있다. 그러나 하늘 아래 어디 행운만 있던가? 중국이란 넓고 사람 많은 나라에서 벌어지는 갖가지 기괴하거나 기이한 일에 놀랄 것도 없다. 운이 나빠 반대로 사기를 당하고 피해를 보는 사례도 심심찮게 발생한다.

미팅카페라는 것도 우후죽순처럼 생겨나고 있다. 카페에서 잠시 즉석 만남을 통해 여러 명의 이성을 만나보며 물건을 쇼핑하는 것과 비슷하게 사람을 골라보는 것이다. 외모가 출중한 남녀를 만나 표정 관리가 어려운 경우가 있는가 하면 돈자랑만 하는 비호감 아저씨들을 만나 기분이 잡쳐 다시는 찾지 않겠다며 화내는 사람도 있다. 반응은 각양각색이다.

그 외에도 부모님 공원 미팅도 있다. 주말이나 휴일에 공원에서 나이가 지긋한 부모님 세대의 아주머니 아저씨들이 서로 인사하고 얘기를 나누다가 자연스럽게 자녀를 화제로 잡는다. 그러다 비슷한 나이와 조건의 자녀가 있으면 서로 관심을 가지고 자녀의 신상정보며 사진 교환을 하여 만남을 주선하기도 한다. 부모들이 직접 발로 뛰며 결혼 매니저 역할을 하는 셈이다. 그것도 모자라 자녀의 신상 정보며 자신의 연락처가 적힌 구혼광고지가 공원 벽보며 공중에 길게 늘어뜨린 줄에 매달려 펄럭거리기도 한다. 운 좋게 자녀에게 맞는 배필을 찾아 결혼에 골인하는 경우도 있고, 부모님의 조급한 성화가 싫다며 질색하는 자녀도 있다.

요즈음은 국경의 경계가 희미해지고 외국인과의 결혼도 늘고 있는 추세이다. 상하이나 베이징 등 대도시의 조건이 좋은 여성들은 조건이 좋은 외국인 남성과 결혼하는 것을 최고로 치고 차선책이 상하이나 베이징 남자들과 결혼하는 것이라고 한다.

그러나 상대방이 특별하게 부자거나 아주 좋은 조건인 경우를 제외하고는 외지 남자와 결혼하는 것을 꺼린다. 현지 도시인과 도시인이 만나고, 외지인은 외지인과 만나는 게 일반적이다.

중국의 도시에서는 남녀가 연애를 시작하면 금방 동거하는 경우가 많다. 전통적인 결혼 풍속의 절차인 맞선 - 약혼 - '등기'라는 혼인신고 - 결혼식이 아닌, 연애 - 동거 - 혼인신고 - 결혼식 순서를 따르는 경우가 많아졌다.

고향을 떠나 대도시에서 직장을 찾으면서 사랑보다는 경제적인 요인이 큰 비중을 차지하는데, 베이징 등 대도시의 일반적인 아파트의 월세 3,000위안은 한 달 월급이다. 혼자 월급을 받아 이런 아파트에서 생활하는 것은 도저히 감당이 안 되지만 동거를 하게 되면 한 사람의 월급으로 생활이 가능해지기 때문에 실리를 따른다. 먼저 동거하고 나중에 결혼을 할 수 있을지 시혼기(試婚期 쓰훈치)라는 것을 거쳐 결혼 상대로 적합하다면 결혼식을 올리기도 하고 잘 맞지 않으면 조용히 헤어지는 커플도 있다.

중국인도 남의 눈을 의식하는 체면문화가 대단하지만 대체적으로 상류층의 의식이고 일반대중들은 실용적인 측면을 더욱 따진다. 또한 경제적인 여건이 좋지 않은 신혼부부들에게는 나혼(루어 혼 裸婚)이라는 것도 있다. 직역하면 벌거벗은 결혼이다. 결혼 적령기의 중국 남녀들 사이에 결혼의 필수 조건으로 여겨지는 신혼집, 차, 결혼식과 예물, 신혼여행을 생략하고 서류상 혼인 신고만 하고 부부가 되는 것을 나혼이라고 말한다.

고향에 있는 부모 친지 친구와 도시에서 직장을 다니고 있는 자녀들이 지리적으로도 워낙 멀리 떨어져 있어 양가 친인척 친구를 다 모아 결혼식을 올리는 것도 어렵다 보니 결혼식을 고향에서 간단하게 치르기도 하지만 그냥 생략하고 신혼살림을 하는 커플도 늘 수밖에 없다. 이러다 보니 중국의 젊은이들은 인구가 많은 만큼 각자의 상황에 맞게 결혼하는 추세이며 결혼식도 보여주기식 판박이가 아니라 다채롭다.

중국인 애인
사귀기 쉽나요?

한국 유학생들이 비교적 많은 유명 중국대학 캠퍼스에 예쁜 중국 아가씨가 나타났다. 그녀는 "안녕하세요? 한국인이시죠?"라며 한국인 남자 유학생들에게 먼저 다가와 반갑게 인사를 건넸다. "아! 네." 얼떨결에 대답한 한국 남학생들은 미모의 중국 아가씨가 인사를 하자 당황하면서도 기분이 좋았다.

"어떻게 한국말을 잘 하세요?"

"아~ 한국에 갔다 왔어요."

이렇게 운 좋게 만난 미모의 중국 아가씨와의 첫 만남에서 한국인 유학생들은 자신들의 기숙사 방 번호를 알려주며 놀러오라는 인사를 남기고 헤어졌는데, 며칠 후 중국 아가씨는 정말로 숙소에 찾아왔다. 그 중국인 아가씨에게는 한국어도 연습할 겸 한국 유학생들과 친구로 사귀어 두는 것이 일거양득인 셈이었다.

한국인 유학생들은 경쟁적으로 그 중국 아가씨와 금방 친해지며 친구가 되었고 그 중 나이가 가장 많은 유학생이 적극적으로 의사를 밝혔다. 그러자 나머지 유학생들은 잘 해보라며 후원자로 나서 열심히 조언도 하며 머리를 맞대고 연애 매니저 역할을 자처했다. 그 남학생은 수시로 중국 아가씨를 만나 데이트를 즐기고 쇼핑을 하고 외식을 하며 술도 마시기를 두어 달 했다.

중국도 물가가 예전만큼 싸지 않으며 한국에 비해 외식비는 비싸다. 여자친구를 데리고 음식점에 가서 몇 가지 요리를 시키고 술을 마시면 금방 그 비용이 한국에서의 일반 음식점을 초과하기 일쑤다. 햄버거, 피자, 치킨도 물가 환산을 하지 않더라도 한국보다 더 비싸 유학생이 자주 사먹기는 부담스럽다.

한국 유학생은 중국인 아가씨를 여자친구로 만들기로 작정하고 식사, 술, 선물 공세를 벌였지만 짧은 시간에 여자친구가 된다는 보장도 없었다.

"밥 먹고 술 마시고 쇼핑하는 데 돈이 많이 깨지네."

"형, 그럼 돈 안 쓰고 여친 만들려고 했어요? 그 정도는 감수해야 하는 것 아니에요?"

"그래도 너무 자주 만나니 감당을 못 하겠다 아이가."

부모님은 시골에서 농사를 짓고 소도 키운다고 하였다. 그런 부모님을 둔 유학생 신분으로 여자를 만나며 데이트를 즐기고 쇼핑을 하기에는 부담이 클 수밖에 없었나 보다. 그런 고민을 하면서도 미모의 중국 아가씨를 빨리 여친으로 만들어 결혼에 골인할 수 있다면 가치가 있다고 생각되어 열심히 만남을 이어가고 있었다. 그러던 어느 날 중국 아가씨가 궁금한 듯 물었다.

"오빠 집은 어디예요?"

남학생 집이 있는 구체적인 지명은 밝히지 않기로 한다.

"어디라구요?(나얼어 아 哪兒啊)"

인터넷에서 한국 지도를 한참 보며 찾던 중국 아가씨는 한국인 유학생이 알려준 지명대로 열심히 찾아보았지만 들어보지 못했던 시골마을이었다.

"아~"

중국 아가씨는 겨우 찾아낸 곳을 보며 말끝을 흐리면서 화제를 돌렸다. 그날 이후, 중국 아가씨가 숙소에 찾아오는 빈도는 점점 줄어들었고 데이트 횟수도 적어지면서 관심이 식자 마음 조급한 한국인 남학생이 사랑을 고백했지만 결과는 빤한 거절로 끝났다고 하였다. 그 중국 아가씨는 대학교 주변에 살면서 외국에서 온 유학생들을 많이 만나며 조건이 좋은 외국 남자친구를 찾고 있었던 것이다.

중국인 여성들은 한국인 유학생이나 중국에 파견된 한국인 주재원 또는 기타 목적으로 중국을 찾은 사람을 만나면 대체적으로 호감을 갖는 편이다. 기본적으로 한국인에 대한 이미지는 깨끗하고 예의가 바르고 성실하고 착한 데다 텔레비전에서 보아왔던 것처럼 경제적으로도 모두 그 정도로 잘 사는 것으로 생각하는 경우가 많다.

한국인이 중국에 가면 종종 이렇게 묻는다.

"너희 집은 차가 몇 대냐?"

그렇지 않다고 얘기를 해도 믿지 않는 눈치이다.

이런 이미지이다 보니 한국인에 대한 첫인상은 대체적으로 좋아 시골 출신 아가씨는 무작정 한국을 선망하기도 한다. 그러나 도시 출신에다 우수한 조건을 가진 중국 여성들은 예외다. 국제결혼이 많아졌지만 상대방의 조건을 많이 따진다. 특히 부모님들의 사위에 대한 요구가 까다롭고 국제결혼을 반대하는 편이다. 중국인이라면 대충 파악이 되지만 한국인을 포함한 외국인은 그야말로 포장된 사람인지라 성격이나 속이 어떤지, 가정교육이며 직장이나 가정형편이 어떤지, 확인할 방법이 없어 믿음이 안 가기 때문이다. 그러니 결론적으로 말하면 학교나 직장에서 자연스럽게 만난 사이가 아니라면 중국인을 애인으로 사귀는 것은 그리 쉽지 않다.

"오빠 집이 어디예요?"라는 그 중국이 아가씨의 질문은 서울인지 지방인지 경제적으로 여유가 있는지, 어려운지 등에 관심이 더 많다는 걸 의미한다.

한국의 특성상 모든 것이 서울에 집중되어 있고 서울과 지방의 차이가 크다 보니 한국을 어느 정도 아는 도시 여성들은 서울을 제외한 한적한 지방은 꺼려 하는 경향이 있다.

소개팅이나 인터넷 채팅의 만남은 더욱더 외국인에 대한 기대나 환상이 많아 요구가 높다. 중국에서의 결혼도 도시는 물론 농촌에서도 사랑보다는 조건을 우선 보는 경향이 강하다. 한국인들처럼 조건을 보는 데 말을 돌려서 완곡하게 말하지 않고 대놓고 경제적인 여건을 물어보는 것이 이상하지 않다.

"집은 있는가?" "차는 있는가?" "무슨 차인가?" 등을 노골적으로 묻기 일쑤이다. 중국인들에게는 결혼은 현실이기에 교양을 차리고 우회적일 필요성을 못 느낀다. 직설적으로 물어보는 것이 지극히 자연스럽고 당연하다고 여긴다. 물론 조건을 무시한 사랑만으로 만난 커플은 예외지만 결혼을 전제로 만나는 경우 외모, 학력, 직업, 경제력, 집 등을 골고루 따지는 것은 기본적으로 한국과 별반 차이가 없다.

한국인의 깔끔하고 예의 바른 매너와 있어 보이는 좋은 첫인상이 장점으로 작용하면서도 단점으로 작용하기도 한다. 겉보기 좋은 이미지와 달리 경제력이 없거나 준비가 안 되어 있거나 능력이 없으면, '수놓은 베갯잇이다(시우화 전터우 繡花枕頭)'라는 불만을 노골적으로 드러내는 경우가 많다.

한국 남성이 중국 여성을 만나는 비율이 한국 여성이 중국 남성을 만나는 비율보다 훨씬 높지만 중국 남성과 한국 여성이 만나면 이상적이라고 말한다. 그러나 이미지와 실물이 같을 수 없고 환상과 현실이 같을 수 없듯이 선입견은 선입견일 뿐이다. 연애와 결혼만큼은 더욱 그러한 것 같다.

실제로 중국 남성과 한국 여성 커플이 있었다. 모두들 중국 남성이 가정적이며 요리며 가사를 많이 하고 한국 여성 또한 현모양처가 많아 살림도 잘하고 요리를 잘하며 남편을 내조 잘한다고 알고 있어서 이상적인 부부가 될 것으로 믿고 있었다. 그러나 결혼 후 오래지 않아 티격태격 싸움이 잦더니 나중에는 갈등이 깊어져 끝내 헤어지고 말았다.

그들은 서로가 중국 남성과 한국 여성의 장점을 많이 알고 있었던 터라 상대에게 기대를 많이 걸고 있었다. 한국 여성은 소문대로 중국 남편이 당연히 자신을 공주로 모실 것으로 기대했고, 중국 남성 또한 한국인 아내가 현모양처가 되어 드라마에서 나오는 한국 남편들처럼 자신을 하늘처럼 모실 것으로 기대하였던 것이 갈등의 원인이 될 줄은 몰랐던 것이다.

중국 여성은 겉보기에도 활발하고 외향적이며 사회에서 활발하게 활동하는 만큼 기가 센 편이라서 이성 교제에서도 자유롭고 자유분방한 편이다. 연애할 때나 결혼 후에도 자기주장이 강하며 주도권을 거의 잡고 있다. 한국인 남성과 결혼을 한 중국 여성들도 어김없이 그들의 개성을 발휘하게 된다.

chapter **8**

한국인과 중국인, 이 점이 다르다

예의 바른 한국인,
열정적인 중국인

"안녕하세요?(닌 하오 您好)"

"오신 것을 환영합니다.(환잉 꽝린 歡迎光臨)"

"오시느라 수고 많으셨지요?(루쌍 씬쿨러바 路上辛苦了吧?)"

한국인들이 인천공항에서 중국어로 인사하며 맞이하면 손님들은
놀라는 기색으로 칭찬을 아끼지 않는다.

"어이쿠! 중국어를 잘하시는 데요.(아유! 니더 한위 헌 하오 아 哎呦! 你的漢
語很好啊!)"

요즈음 한 중 두 나라 사람들은 실제 업무 또는 교제를 할 때
영어를 많이 써서 언어 소통에 큰 어려움이 없다. 하지만 중국어로
인사말을 건네거나 간단한 중국어로 업무 외의 대화를 하다 보면
감성적 대화가 가능하여 빨리 가까워질 수 있고 감정교류에도 상당
히 도움이 된다. 중국인과 교류할 때 평소의 톤보다 약간 큰 목소
리와 밝은 표정을 짓는다면 중국인에게 반가운 마음을 전하는 데
도움이 된다.

양국 사람의 만남을 관찰해 보면 대체적으로 한국인은 예의가 바르고 공손하며 중국인은 열정적이다. 중국인의 발음에는 4성이 있어서 말소리 자체가 한국인 특히, 서울 사람보다 크며 악센트가 강하게 느껴지는 특징이 있다. 아마 기질적 또는 지리적 환경적 요소도 작용하는 것 같다.

중국은 땅이 넓어 인구밀도가 상대적으로 낮다. 상하이 인구는 23,804,300명으로(2012년 기준) 서울의 인구 10,442,426명(2012년 기준)보다 약 두 배 많은데, 상하이의 면적은 서울보다 약 10배가 넓다. 특히 중국 서북부 지역은 더 낮아 남한 전체의 면적보다 7배 이상 넓은 칭하이 성 인구는 고작 5,731,700명(2012년 기준) 밖에 안 된다.

만리장성이나 이화원 또는 자금성의 건물이 대단히 큰 것처럼 중국인은 주택을 크게 짓는 성향이 있다. 베이징이나 상하이 등 대도시 시민의 전통 주거면적은 작았지만 건물은 대체적으로 큰 곳에 살았다. 일반도시 특히, 지방이나 농촌으로 가면 대체적으로 전통 가옥은 면적이 넓다. 높이도 한국의 1.5배 정도로 공간을 넓고 높게 활용하는 편이다. 중국인들은 한국을 관광하면서 산비탈에 아기자기하게 들어서 있는 한국의 일반 주택을 보면 "와~ 집이 저렇게 작아요? 참 정겹고 아담하고 귀엽네요!"라고들 한다.

넓은 땅의 기운과 유전적 영향인지 중국인은 목소리가 크고 우렁차서 아무리 톤을 높이거나 연설을 하거나 싸워도 목소리가 쉽게 쉬는 일이 적다. 처음 한국을 방문한 중국인은 목소리를 낮추는 일이 가장 어렵다고 하소연한다. 작게 말한다고 해도 웅변하는 목소리가 되어 시끄러워 방해가 되니 말이다.

대중교통인 전철을 이용하게 되면 우선 옆 사람과 얘기할 때가 가장 조심스럽다. 속닥거린다고는 하지만 워낙 목소리가 커서 옆에 함께 있는 사람이 민망해질 때가 많아 항상 소리를 낮추라며 신호를 보내지만 굳어진 큰 목소리가 하루아침에 작아질 수는 없다. 목소리만 들어도 중국인이라는 것을 금방 알 수 있다.

한국인에게 새겨진 중국인의 이미지는, 아마 영화나 드라마를 통해 떠들썩하고 높낮이와 억양이 강한 '아이야~, 띵하오 띵하오'며 "쏼라 쏼라"가 떠오르는 것처럼 보인다. 실제로 중국 어디를 가봐도 시끄럽고 정신이 없다. 한국을 찾은 관광객들도 예외가 아니다. 서울 시내 백화점이나 면세점 또는 명동 거리나 관광 명소의 식당에서 만난 중국인들은 그야말로 한국인이 표현한 대로 '호떡집에 불났다'는 말이 딱 들어맞을 정도다.

백화점에 단체로 들어온 중국인 관광객이 이것저것 사며 야단법석을 하다가 한 아름 쇼핑백을 들고 나가면 귀가 얼얼하고 정신이 쏙 빠질 지경이라고 한다. 그나마 돈을 많이 쓰고 가니 폐만 끼치고 가는 것이 아니라 다행이다.

파는 사람 입장에서는 아무리 "쏼라 쏼라" 왁자지껄 해도 매너 좋고 폐 끼치지 않고 조용하지만 빈손으로 나가는 아이쇼핑 손님보다는 더 반가울 것이다.

그러나 강남 지역의 압구정이나 청담동 등 고급 옷가게에서는 시끄러운 중국인들의 쇼핑객 때문에 골머리를 앓는다고 한다. 고급스러운 가게 이미지를 유지하자니 큰손 매상을 놓치고 큰손 매상을 올리자니 이미지가 구겨져 고민이 많은가 보다. 실리를 중요하게 생각하는 중국인의 경우에는 당연히 매상이 중요하겠지만 말이다.

중국인들은 열정적이고 손님을 좋아하는(러칭 하오커 熱情好客) 특성
이 있어 손님이 찾아오면 매우 시끌시끌하게 맞이하는 특징이 있다.
특히 외국 손님을 맞이하거나 결혼식이나 축하연 등에서 흥겹고 밝
은 표정의 왁자지껄한 모습을 많이 볼 수 있다. 원래도 밝고 활발
한 외향적인 성격의 기질이 많지만 아무리 몸과 마음이 불편하더라
도 절대 기색에 드러나지 않고 오히려 평소보다 더 활기를 돋우려
다 보니 시장처럼 시끌시끌하다. 실내의 분위기도 되도록 조용하고
어색한 분위기를 피하기 위해 음악을 틀어 놓거나 또는 텔레비전을
켜놓아 시끌시끌 흥성흥성하게 하려 애쓴다. 그들은 지나치게 조용
하면 분위기가 냉랭하다고 여기는 경향이 있다.
 "들어오세요 들어오세요.(칭찐칭찐 請進請進)"
 "앉으세요 앉으세요.(칭쭈어 칭쭈어 請坐請坐)"
 "차 드세요 차 드세요.(칭흐어 칭흐어 차 請喝茶請喝茶)"
 인사말을 반복하며 다소 가볍고 수다스러운 모습으로 비치는 큰
목소리가 많은데, 그만큼 상대를 환영하고 반긴다는 마음의 표시이
다. 물론 중국인도 개개인의 성격에 따라 무뚝뚝한 표정과 퉁명스
러운 일반인도 있고, 정치인도 볼 수 있다.
 그러나 대개의 정치인은 지위가 높을수록 부드럽고 친근한 표정
으로 국민에게 다가가는 지도자라는 이미지를 부각시키고자 한다.
희로애락의 감정이 읽히지 않는 절제의 정치 9단인 마오쩌둥, 저우
언라이, 원자바오, 시진핑 등이 대표적인 얼굴이다.

한국인들은 대체적으로 예의가 바르고 목소리가 낮은 편에다 점잖다. 손님을 맞이할 때도 점잖고 교양 있는 목소리로 "어서 오세요! 차 드십시오!"라고 건네는 말을 들어 보면 중국인과는 억양도 다르며 대조적이다. 한국인도 친해진 다음에는 초면의 조용한 모습과는 또 다른 면모를 보이기도 하지만 말이다.

예의를 너무 깍듯하게 지키면 분위기가 무거워지기 쉽고, 서로가 다가가 친해지는 시간이 많이 걸릴 수 있다. 격식을 너무 차리면 딱딱해 보이고 격식이 너무 없으면 무례해 보일 수 있는데, 한국인은 전자에 가깝고 중국인은 후자에 가까운 것 같다.

자희태후(서태후)는 불심이 깊고 자비심이 넘친다는 말을 듣기 좋아했다. 호칭도 '노불야老佛爺'라며 스스로를 부처라 불리기를 원했다. 환갑잔치 때 이화원에서 새 조롱문을 열어 방생을 했는데, 새들이 공중에서 한 바퀴 돌더니 다시 조롱으로 들어갔다. 자희태후는 이상하기도 하고 신기하기도 하여 마음이 흡족했다.

자희태후는 "왜 새들이 날아가지 않느냐"고 환관 이연영에게 물었다. 이연영은 "노불야의 덕이 하늘과 땅을 감동시켜 새들도 떠나기 싫어합니다. 길한 징조입니다. 노불야께서는 반드시 만수무강하실 겁니다"라고 아뢰었다. 아무리 듣기 좋은 말이라지만 도가 지나친 아부인지라 자희태후는 호통을 쳤다.

"네 놈이 어디 감히 훈련시킨 새로 나를 능멸하느냐?"

"천한 제가 어떻게 감히 노불야를 속일 수 있겠습니까? 만약 조금이라도 그런 마음이었다면 처벌을 받겠습니다. 하오나 한 가지 청이 있습니다."

"그래 무슨 청이 있다는 게냐?"

'연못에 물고기를 방생하여 보십시오. 물고기도 떠나지 않을 것입니다."

자희태후는 반신반의하면서도 이연영이 호언장담하자 호기심이 생겨 시험해 보았다. 아닌 게 아니라 신기하게도 물고기는 그 자리에서 맴돌며 다른 곳으로 가지 않았다. 이때다 싶어 이연영은 "태후마마 만세!"를 외치고는 엎드려 머리를 조아리며 다시 아뢰었다.

"노불야의 덕이 하늘을 감동시켜 물고기도 새도 떠나지 않습니다."

뒤에 서서 간이 콩알만 해진 환관과 궁녀 그리고 신하들도 덩달아 만세를 부르며 만수무강을 빌었다.

이쯤 되니 자희태후도 길한 징조라 믿고 기분이 좋아져 그녀의 목에 걸었던 염주를 이연영의 목에 친히 걸어주었다.

중국인들은 예로부터 길한 징조나 사주팔자 또는 풍수지리 및 해몽 등 길흉화복에 민감하여 일상생활에서도 깊은 영향을 받는다. 설날 폭죽놀이로 대형사고가 빈번히 발생하자 당국이 법으로 금지하고 단속을 하지만 폭죽을 터트리는 행사는 그 인기가 식을 줄 모른다. 폭죽을 터트려 귀신은 쫓고 복은 오게 한다는 강한 믿음 때문이다. 숫자 8은 부富 자와 발음이 한참이나 차이가 나지만 부자가 되기를 기원하는 의미에서 온 국민이 열광한다. 또한 설날이 되기 전부터 집집마다 대문에 빨간색의 '복福' 자를 거꾸로 붙여 놓는 것도 '복福이 왔다'는 의미가 있기 때문이다.

강렬히 바라는 만큼 이래저래 부와 행운의 의미를 부여하는 중
국인들의 풍수지리를 믿는 정도 또한 더욱 특별하다. 홍콩 최고의
갑부이며 다국적 기업의 황제이자 세계의 화상華商 가운데 가장 성
공한 사업가인 리자청(李嘉誠)도 풍수지리를 강하게 믿는다. 리자청
의 집무실이 있는 빌딩 뒤의 인공 연못에는 작은 섬이 3개 있고 그
섬에는 각각 나무가 한그루씩 심겨져 있다고 한다. 풍수에서 산은
인물을 물은 재물을 주관한다는데, 더욱 신기한 것은 그 연못에
여직원을 배치하여 끊임없이 두레박으로 물을 길어 작은 섬에 물
을 주게 하고 있다는 것이다. 이는 돈이 마르지 않게 한다는 풍수
적인 행위라 한다. 이처럼 리자청까지도 풍수를 경영의 중요한 요
소로 삼고 있다.

　　부동산 사업을 하는 사람들에게도 풍수지리는 반드시 이해해야
할 아주 중요한 요소로 인식되고 있다. 중국에서 부동산 개발회사
를 차린 미국인이 새 주택단지를 조성하려다가 구청의 허가를 받지
못하였는데, 이유는 대부분이 북향이라는 것이었다. "북향이 무엇
이 문제여서 허가를 해주지 않는가?"라고 물었지만 구청에서는 "우
리 구의 모든 주택은 북향은 안 되고 반드시 남향이어야 한다"라는
말만 반복했다. 결국 그 이유를 알아냈는데, 어느 아파트에 입주한
주민들이 아파트가 북향이라며 풍수지리에 어긋나 피해를 입었다고
이를 허가한 구청에 50만 위안의 손해배상 소송을 제기했기 때문이
다. 이후 각 구청에서는 거실이 북쪽을 바라보게 하는 북향 아파트
에 대한 건축허가를 전면 보류했다고 한다.

　　한국에서도 남향집이 풍수지리에 좋다고 하지만 이에 대한 중국

인의 집착에는 비할 바가 못된다. 같은 크기의 아파트나 사무실이라도 남향인지의 여부를 따지며 그 가격 차이가 매우 크다.

몇 년 전 한국에서 사업을 시작했던 중국인도 풍수지리에 집착하여 남향 사무실을 고집하였는데, 남향이면 다른 것이 마음에 안 들고 다른 조건이 좋으면 남향이 아니어서 며칠 동안 발품을 팔아 샅샅이 누벼 끝내 남향 사무실을 찾아냈다. 그런 후 홍콩의 점쟁이 겸 사업가를 불러들여 풍수를 본다며 수맥을 짚어보았고 사업에 좋다는 그림과 화초를 곳곳에 배치하였다.

그 다음 순서는 자신과 가족 그리고 직원 및 거래처 사람들의 사주를 보는 것이었는데, 자신의 생년월일은 물론 직원의 생년월일 그리고 사업 파트너의 생년월일을 물어 점을 보았다. 자신의 사업에 귀인은 누구이고 상극관계는 누구인지 점을 보는 것이다. 그러나 사업이 생각만큼 순탄치 않자 풍수지리적으로 그 사무실이 좋지 않다며 이사를 자주했다.

정치인들도 미신을 믿는 풍조가 만만치 않다. 부패 혐의로 낙마한 쓰촨성 부서기 리춘청은 풍수지리 전문가를 불러 조상 묘지를 옮기는 데만 1,000만 위안(약 17억 원)을 썼을 뿐 아니라 청두시에 광장을 조성하면서 프랑스 전문가가 설계한 도면을 채택하지 않고 자신에게 행운을 가져다 준다고 믿는 태극과 팔괘(八卦) 모양으로 설계했다고 한다.

6,460만 위안(약 110억 원)을 뇌물로 받은 전 철도부장 류즈쥔은 점쟁이가 정한 날짜에 고속철도 기공식을 하는 일도 있었다. 부패 관리일수록 점쟁이가 알려준 날짜에 뇌물을 받거나 승진을 위해 비싼

부적符籍을 쓰는 경우가 많단다.

중국인들은 새해 첫날엔 반드시 길한 말만 해야 하고 빨간 색이 귀신을 쫓고 길한 기운이 들어오게 한다고 믿는다. 그러니 어디나 빨간 색 일색이다. 자신이 태어난 해에는 빨간 속옷 또는 빨간 팬티를 입거나 빨간 벨트를 착용하며 선물로도 주고 받는다.

아직까지 흰색과 검정색은 인기가 별로 없다. 중국에서 결혼식에 참석해 하얀 봉투에 축의금을 넣어 건네면 대형사고다. 흰색과 검은색은 장례식에서 많이 쓰이는 색으로 불길함을 상징하며 경사로운 일에는 쓰이지 않는다. 한국인들이 결혼식에서 축의금을 하얀 봉투에 넣어 건네는 것을 보고 "한국인은 왜 경사스런 결혼식에 흰색 봉투를 사용하나요? 흰색은 불길하잖아요?"라고 이아해 한다. 그들은 모두 빨간 색 봉투를 사용하는데, 요즈음은 한결 고급스러운 디자인의 자주색 봉투에 금색 글씨가 쓰인 화려한 봉투가 유행이다.

이처럼 길흉화복에 민감한 중국인들은 일상에서도 미신을 믿는 형태가 매우 다양하다. 중국인들의 길흉화복에 민감한 특성을 사업에도 활용하면 이로울 것이다.

녹색 모자를
쓰지 않는 중국 남자

중국인이 가장 좋아하는 '부자 되다'라는 뜻의 파차이(發財)와 발음이 비슷한 숫자 8(파 八)은 중국인 누구나 가장 선호하는 숫자이다. 빈곤층 지원금 마련을 위한 전화번호 경매에서 8이 여덟 번 연속 들어간 88888888번이 중국 전화번호 경매 최고가인 233만 위안(한화 3억 3,200만 원)에 낙찰되는가 하면, 京B 88888이란 차량 번호판이 베이징의 경매시장에서 100만 위안(한화 1억 7천만 원)에 낙찰되었으며, 광저우에서는 粵A 88880이란 차량 번호판이 131만 위안에 낙찰되었다고 한다. 8이 연속으로 붙어 있는 자동차 번호판이나 전화번호를 가지고 있는 사람은 특별한 인물이라고 생각해서 교통경찰도 이런 특별한 번호를 달고 있는 차량은 섣불리 단속하려 하지 않는다.

올림픽 개최도 2008년 8월 8일 8시 8분에 개최한 것처럼 결혼식이나 각종 개업식도 대부분 8이 들어간 시간대에 열린다. 아이 출산도 마찬가지로 8이 들어간 시간대에 맞추어 제왕절개 수술을 하느라 병원에 꽌시를 동원하려고 줄을 선다.

중국인들에게 인기 있는 번호는 또 어떤 것들이 있을까? 또한 그 의미가 무엇일까?

1688(야오리우 빠빠) – 가는 길 주욱 부자가 될 거다

5988(우지오우 빠빠) – 나는 오래도록 부자가 될 거다

5188(우야오 빠빠) – 나는 곧 부자가 된다.

5858(우빠우빠) – 나는 부자가 될 거다 부자가 될 거다.

6666(리우리우 리우리우) – 순조롭고 순조롭다

1666(야오리우리우 리우리우) – 곧 순조롭다

한국에서는 중국처럼 숫자 8의 인기가 특별하지 않다. 그래서 나는 어렵지 않게 8이 세 개나 들어간 번호를 받을 수 있었다. 숫자 8이 '부자가 되다'라는 의미가 있어 선호하는 것도 있지만 '같은 값이면 다홍치마'라는 한국의 속담이 있는 것처럼 일단은 길한 숫자이고 남들이 열광하는 숫자여서 덩달아 따라하게 된다. 중국인이 숫자에 대해 부여하는 의미를 1부터 10까지 살펴보자

1(一)은 일심 즉 마음이 하나란 의미로 좋아한다.

2(二)는 집중하지 못하다 또는 충실하지 못하다는 의미가 있다.

3(三)은 '흩어지다'란 의미의 산散과 발음이 비슷하여 좋아하는 숫자가 아니다.

4(四)는 가장 싫어하는 숫자로서 죽을 사死를 연상시켜 기피대상이다. 관공서나 기업의 건물 및 아파트는 물론 특히, 병원에는 아예 4층이 없는 곳이 많다. 이런 중국인의 선호와 기피를 고려하여 뉴욕 맨해튼의 중국인 고객을 상대로 한 고가 아파트에도 역시 4층은

없다고 한다.

5(五)는 나(我)와 발음이 비슷하고 6(六)은 순조롭다와 발음이 비슷하여 역시 좋아하는 숫자다.

7(七)은 서양에서는 행운의 숫자라고 하지만 '화나다'라는 뜻의(썽치 生氣)와 발음이 유사하여 중국에서는 인기가 없는 숫자다.

9(九)는 오래라는 발음과 같아 선호한다.

10(十)은 완전한 숫자이지만 너무 꽉 차서 부담스러워 하는 숫자다.

8(八)과 9(九)는 꽉 차지도 않고 또한 길한 의미가 있어서 중국인들이 가장 좋은 숫자로 여긴다.

중국에서는 물건 가격을 250위안이라 쓴 표기를 찾아보기 어렵다.

"얼마예요"

"390위안이요"

"너무 비싸요. 싸게 주세요."

"320위안 내세요."

"250위안 합시다."

"250(二百五), 알바이우란 숫자가 얼마나 듣기 거북해요. 260위안 내세요."

이쯤 되면 손님도 더 이상 값을 깎으려 않는다.

이백오(얼바이우 二百五)는 팔푼이나 바보라는 의미로 쓰이기 때문이다. 이 뿐만이 아니라 중국인은 일반적으로 짝수를 좋아한다. 중국인은 짝수를 안전하다고 여기며 기본적으로 하나는 썰렁해 보여 선물도 짝수로 하는 오랜 관습이 있다. 그래서 술도 두 병, 담배도 두 보루, 과자나 건강식품도 세트로 선물한다.

숫자 외에 발음과 연관되어 선호하는 것 중에는 물고기가 단연 으뜸이다. 물고기 요리는 중국인에게 그 맛보다는 의미에 더 무게를 두어 명절이나 중요한 연회에 빠질 수 없다. 남을 여(餘)는 물고기 어(魚)와 발음이 같아 다산과 풍요를 상징한다.

지린성 서북쪽 쑹위안시(松原市)에 있는 '차간' 호에는 물고기를 사기 위해 새해 첫날 중국 각지에서 사람들이 몰려든다. 1킬로그램에 100위안이 넘지만(쇠고기 500그램의 가격은 15위안 수준이다), 앞을 다투어 지갑을 열기 바쁘다. 새해 첫날 '차간' 호에서 잡힌 물고기 한 마리의 최종 낙찰가로 32만 위안(약 6,000만 원)을 기록하기도 했다.

발음 때문에 선호하는 것 외에도 금기시되거나 조심할 것이 꽤 있다. 배(리 梨)도 헤어지다의 리(離)와 발음이 같아서 젊은 연인 사이나 친구 사이 특히, 병문안 때 선물로 선택하지 않는다. 사과는 평궈(苹果)라는 발음이 평안(平安)의 발음과 비슷하여 많이 선물로 선택한다. 비올 때 쓰는 우산(雨傘) 역시 산(傘)과 성조는 다르지만 '헤어지다' 라는 뜻의 산(散)과 발음이 같아 선물로 하지 않는다.

이처럼 중국인들은 숫자에 특별한 의미를 부여하고, 어느 단어와 발음이 비슷한 것에 대해 좋고 나쁨을 연상하며, 행복과 불행한 의미가 담겨 있는 각종 사물이나 행위를 선호하거나 금기하는 경우가 많다.

그 외 웃음거리가 되는 것도 주의사항에 속한다.

중국에서 외국인 남자가 아무 생각 없이 녹색 모자를 쓰고 외출하게 되면 "아유! 녹색 모자를 썼네. 하하!"라고 뒤돌아 보며 키득키

득 웃는다. 물론 외국인 남자는 자신을 보고 중국인이 웃는다는 것을 생각지도 못할 것이다.

길거리에서 녹색 모자를 쓰고 다니는 중국 남자를 보기 어려울 정도로 중국 남자들은 녹색 모자 쓰는 걸 꺼린다. 녹색 모자를 쓴 남자는 아내가 외도하는 걸 모르고 있다는 의미를 가지고 있기 때문이다.

그 외에도 테이블에 올려놓는 주전자는 주둥이를 손님을 향하지 않게 하며 되도록 사람이 없는 빈자리를 향해 두느라 신경을 쓴다.

이러한 선호와 금기는 워낙 많고 지역마다 차이가 있어 일일이 다 알기도 힘들며 낱낱이 다 알아둘 필요도 없다. 기본적인 것만 알면 그다지 실례되지는 않을 것이고 설령 몰라서 실수를 하더라도 크게 염려하지 않아도 된다. 외국인으로서 그들의 문화를 이해하고 존중하는 자세를 보이기만 한다면 중국인들은 더욱 친근감을 느끼고 배려를 아끼지 않을 것이다.

머리를 잘 감지 않는
중국인

중국인 하면 떠오르는 이미지는 대체적으로 '시끄럽고 머리를 안 감고 돈을 좋아한다'는 인식이 대부분이었다. 강의를 하며 어느 정도 낯을 익히게 되면 "중국인은 왜 머리를 감지 않나요?"라고 묻는 사람이 꽤 있다.

대답하기에 매우 난감한 질문이지만 어쨌거나 머리를 자주 감지 않아 기름이 흐르고 까치둥지 머리를 한 중국인을 나도 자주 보게 되니 한국인이나 외국인 입장에서 그게 궁금할 만도 하다.

중국을 다녀 본 사람이라면 가장 먼저 떠오는 생각이 '사람이 진짜 많다'일 것이다. 중국인들도 자주 하는 말이 "사람이 너무 많다(런 타이뚜어 人太多)"이다. 어디를 가보아도 인산인해人山人海다. 중국의 대도시나 역 또는 천안문 광장이나 쇼핑센터에 가보면 그야말로 인파人波라는 말이 실감난다.

중국은 음력 1월 1일 춘절, 양력 5월 1일 노동절, 10월 1일 국경절 때 대부분 일주일에서 10일을 쉰다. 먹고 살 만하게 되면서 1년에 대략 한 달이란 긴 휴가에 들어가 이동이 훨씬 많아져 관광지나 쇼핑센터 등은 인파로 출렁거린다. 거리에 나가보면 떠밀려 다니고 버스나 열차를 타도 떠밀려 올라가기 일쑤이다. 떠밀려 차에 오르는 것까지는 좋은데 그 속에 들어가면 지옥이 된다. 어느 한국인 유학생은 국경절 기간에 평소처럼 버스를 탔다가 숨이 막혀 죽을 것 같아 도중에서 내려 이튿날 새벽 첫차를 타고 이동하였다고 했다.

한국의 출퇴근 시간에 지하철이 콩나물시루라 하는데, 콩나물시루는 가지런하고 질서정연하게 서 있을 수나 있지만 중국의 출퇴근 시간이면 더 말할 나위가 없다. 명절과 같은 때 버스나 열차를 타면 서 있는 사람, 앉아 있는 사람, 의자 밑에 신문지 깔고 누운 사람으로 2층 3층으로 쌓여 있는 것을 볼 수 있다. 여기저기에서 "안으로 들어가라" "밀지 말라"하고 아우성을 치는 소리며 차장과 기사가 호통을 치는 소리로 시끌벅적하다. 그 속에서는 모두가 소리를 내는 짐짝 신세가 된다.

그런 환경에 처하게 되면 머리를 감고 외모에 신경을 쓸 생각이 없어진다. 명품이니 화장이니 꽃단장은 물론 심지어 예의니 품격을 따질 여유가 없어지고 만다. 그 많은 안면도 없는 사람 누구를 봐주거나 멋을 내며 기분을 낼 처지가 아니다. 차라리 달밤에 비단옷 입는 게 훨씬 낫다.

외국인도 중국에서 오래 살다 보면 동화되어 가는 것 같다. 무더운 7~8월, 중국으로 유학온 한국인 학생들을 열차 침대칸에서 만난 적이 있었다. 그들은 웃통을 벗은 중국인들의 모습을 보고 "중국인들은 왜 웃통을 벗고 저러냐? 참 이해가 안간단 말이야"라고 의아해 했다. 그러나 이튿날 한국 유학생도 "야! 다 벗는데 우리도 벗자"라며 벗기 시작하더니 "정말 시원하다"며 낄낄거렸다. 한국인이 웃통을 벗은 모습은 더 웃겼다. 매일 벗는 탓에 중국인들은 적당히 까맣게 탄 피부인데 반해 한 번도 벗지 않았던 한국인의 몸은 유난히 하얘서 한눈에 차이가 났다.

중국에 오래 있다 보면 매일 감던 머리도 이틀을 넘어가기 일쑤다. 머리를 감지 않은 날 잠깐 밖으로 나설 때 한국인들이 모자를 눌러 쓰는 이유를 모르는 중국인들은 "한국인들은 겨울에도 반바지 차림에 모자를 쓰는 게 유행이냐?"며 종종 묻는다.

여자들도 예외가 아니다. 처음에는 한국에서처럼 꽃단장을 하다가 차츰 시간이 흐르면 화장도 옷도 모양새가 수수하게 바뀌는게 보인다. 중국에서 농산품 수출입을 하는 사업가 부부는 처음 만났을 때 한눈에 금방 한국인임을 알 수 있었다. 부인은 짙은 화장에 명품 옷을 입고 머리는 노랗게 염색을 하였고, 남편은 양복에 하얀 와이셔츠와 하얀 양발에 구두를 신은 차림으로 중국인의 눈길을 끌었다.

10년 후에 홍대에서 만난 그 한국인 부부는 10년 전의 모습은 사라지고 까맣게 그을린 얼굴의 남편과 목청 큰 여자로 영락없는 중국인이 되어 있었다. 풍토는 이토록 무시할 수 없나 보다.

중국의 기후는 또 어떤가?

"중국에서 불어오는 황사 바람에 숨 막힌다. 큰일 났다." "중국에서 불어오는 미세먼지 때문에 환경오염이 심하다"라고들 한다.

그때는 그 말을 이해할 수 없었다. 한국에 온 이후 처음 고향에 갔을 때가 4월이었는데, 그제야 중국이 그렇게 바람이 심하고 먼지 투성인 줄 새삼 알았다. 학교에 다닐 때는 4월이면 한 달 내내 스카프로 머리를 감싸 마치 보자기를 뒤집어 쓴 모양새가 자연스러운 일상이라고 생각했었다.

여하튼 오랜만의 고향 방문길이라 친지며 친구 그리고 이웃을 만난다는, 설레고 들뜬 마음에 준비하느라 무척 바빴다. 미장원에 가서 긴 머리를 웨이브 퍼머로 바꾸고어 거기에 젤을 발라 마무리하였다. 예쁜 원피스에 트랜치 코트를 걸치고 서울을 출발해 중국에 도착했다. 그런데 그곳은 시뿌연 하늘에 광풍이 몰아쳐 눈도 뜰 수 없었고 몸도 제대로 가누기 어려웠다. 텐진 역에서 대기하고 있을 때는 기후와 환경에 맞지 않게 다리를 훤히 드러낸 내 모습을 보고 사람마다 "춥지 않니?(뿌렁마 不冷吗)"라고 물어보며 관심을 보였다.

문밖을 나서자 젤을 바른 긴 머리는 먼지가 달라붙기에 딱 좋게 본드 역할을 하였고, 연한 색의 트랜치 코트 깃에는 새까맣게 테두리가 생겨 아예 다른 옷이 되고 말았다. 얼굴은 또 어떤가 하면 코 양옆에는 과장해서 반 숟가락의 먼지가 더덕더덕 묻어 있어서 서울을 출발 때의 모습은 온 데 간 데 없이 사라져 버렸다.

이러니 머리를 감고 단장을 하면 무슨 소용이겠는가. 중국인의 단점이기도 하고 장점이기도 한 것 중 하나가 실속을 상당히 중요하게 여겨 타인의 시선에 그다지 관심이 없고 타인에게도 별로 관심이 없다는 것이다.

중국인들도 외모를 가꾸던 시대가 없지는 않다. 특히 중국이 가장 번창하였던 당나라 때의 의복과 차림새를 보면 아주 화려하게 꾸미고 다녔고 청조 때까지도 이어졌다. 양귀비가 썼다던 화장품과 비단옷이며, 오늘날의 하이힐 원조가 아닌가 싶을 만큼 자희태후가 신고 다녔던 10센티 높이의 신발을 보면 그 호화찬란한 정도를 짐작할 만하다.

중국인이 외모를 가꾸지 않게 된 시기는 대략 마오쩌둥 시기부터이다. 경제는 어렵고 계급투쟁 바람이 불면서 외모를 가꾸고 멋을 부리는 자체가 사치로 비난을 받았다. 남녀노소 모두 검정색, 회색, 남색의 인민복이 통일복이었다. 헤어스타일 또한 모두 짧게 하였는데 여성들도 단발머리가 대부분이었고 또는 길게 땋아 양 가닥으로 늘어뜨리는 스타일 일색이었다. 화장은 당연히 배우들이나 결혼식 날 신부들이 하는 것으로 여겼다. 이러한 환경에서는 자연스럽게 가장 기본적인 의식주를 해결하는 데 급급하게 된다.

개혁개방 이후에는 제법 잘 살게 되었지만 도시와 농촌 또는 계층간의 빈부격차가 심해졌고 라이프스타일이며 사고방식의 차이도 크다. 상류층이나 젊은 사람들을 제외한 농촌사람들은 물론 도시의 일반 시민들도 꾸미는 데 별로 관심이 없는 경우가 허다하다. 아직도 한여름 저녁이면 잠옷 차림으로 공원을 안방처럼 유유히 걸어다니는 것이 지극히 자연스러운 일이다. 상하이박람회 때 정부에서 외국인 보기가 민망하다며 시민들에게 '잠옷 차림으로 공원에 다니지 말 것'을 권고하자 상하이 시민들이 항의가 대단했다고 한다.

"내가 편하다는 데 왜 지들이 입어라 말아야? 쓸데없는 참견 말라구!"

　편하고 돈 있고 먹을 것 있고 구속을 안 받으면 그만이다는 의식을 가진 중국인들이 많다. 그들은 돈이 없어 돈을 내야 할 때 내지 못하거나 친구가 없으면 체면이 서지 않는다고 여기지만, 외형을 꾸미지 않았다고 하여 체면이 서지 않는다고는 생각하지 않는 경향이 있다. 지극히 현실적이고 실용적인 가치를 가진 사람이 많다.

　그러나 중국도 상류사회 또는 중산층 사회에서는 외모와 이미지를 중요하게 생각하고 세련미를 추구하는 사람들이 점점 많아지고 있다. 오래지 않아 머리를 잘 감지 않는 대중들도 외모에 신경을 쓰게 되는 날이 오게 될 것이다. 그런 만큼 그런 곳에 사업의 기회가 숨어 있고 그런 사람들이 바로 한국인의 숨은 고객으로서 공략할 대상일 것이다.

선물은
통크게

"보냈는데 오지 않으면 예의禮儀가 아니고, 왔는데 보내지 않으면
역시 예의가 아니다"라고 한다.

중국에서 사라진 문화유산 '공묘제례(孔廟祭禮: 산둥성 취푸의 공자 사당
에서 치르는 국가행사 차원의 제례)'를 복원하기 위해 한국의 '종묘제례(宗廟
祭禮)'를 차용하였듯이, 중국인의 '예禮'는 실상 거의 사라지고 보잘
것 없어졌다. 이런 모습은 예의바른 한국인이라면 중국 현지에서 얼
마든지 찾아 볼 수 있었다.

하지만 선물을 주고받는 예의는 공자 이래 어느 때건 중국인들
의 일상에서 중요한 부분을 차지하고 있다. 어쩌면 이런 모습이 한
국인에겐 매우 의외로 비칠 것이다. 살아남는 자가 승자이고 승자
가 된 다음에야 덕, 교양, 수준, 귀천을 따질 수 있다지만 덕과 교
양이 없거나 수준과 귀천을 가릴 정도도 안 되는 형편임에도 선물
을 주고받는 데 상당히 신경을 쓰는 중국인들이다. 그것은 선물을
주고 받으며 예의와 체면이 있음을 서로 확인하려는 의식이 깔려

있기 때문이다.

한국에 거주하고 있는 중국인들은 한국인과 교류할 때 어떤 선물이 적합한지 종종 묻는다.

"저의 한국어 선생님이 이사를 하게 되었는데, 무슨 선물을 하면 좋을까요? 한국인에게도 특별히 선호하거나 금기시 되는 선물이 있나요?"

"세탁용 가루비누나 주방용 세제 또는 화장지도 괜찮아요."

"네? 세제나 화장지를 선물로 할 수 있나요?"

거의가 눈을 동그랗게 뜨며 반문한다.

"한국에서는 이런 물건들이 일상생활에서 자주 사용되어 실용적이라고 생각해요. 세제용품은 대량의 거품이 일어나기에 새집에서 재산도 거품처럼 불어나기를 기원하는 의미이고, 화장지는 문제가 술술 잘 풀어 나가기를 기원하는 의미가 담겨 있대요."

"아~그렇군요? 진짜 재미있네요."

그제야 그들은 안심하고 한국 문화에 따라 세제용품이나 화장지를 부끄러워하지 않고 선물로 사들고 간다.

중국에서는 화장지나 세제용품을 선물로 하지 않는다. 비싸지도 귀하지도 않은 이런 물건을 선물로 할 경우 받는 사람 입장에서는 성의가 없다고 여길 수 있다. 한국인이 흔히 선물하는 식용유, 참치, 치약, 비누 등의 세트 선물도 중국인들을 어리둥절하게 만든다.

중국인들은 선물을 할 때, 체면의식이 앞서 자신이 쩨쩨하다는 인상을 줄까봐 너무 값이 싼 것이나 흔한 것은 피하고자 한다. 선물을 할 때도 대체적으로 부조를 할 때처럼 통 크게 하고자 한다.

상대에 따라 실용적인 선물로는 과일, 우유제품, 건강제품, 과자 세트 또는 육류, 생선 등 식품을 많이 선택하고 술, 담배도 여전히 선물로 많이 한다. 요즈음 중·상류층 또는 도시의 젊은층에서는 좀 더 세련된 선물로 커피, 고전 서적, 그림, 도자기, 문화예술품, 고급스러운 생활용품도 많이 선택한다.

설 명절이나 오랜만에 방문하는 친인척 또는 친구의 부모님에게는 실용적인 선물 외에 백 위안 단위의 현금을 건네기도 한다. 가까운 친척이나 친구의 자녀가 태어났을 때 그리고 처음 만나는 친한 친구나 친척의 자녀에게도 용돈을 건네는 관습이 있는데, 현금을 건넬 때는 기본적으로 200위안 이상이고 특별한 경우에는 500위안 이상을 건네기도 한다.

명절이나 결혼식에서 우연히 친지나 친한 친구의 어린 자녀를 만나거나 또는 병문안을 갔다가 다른 친한 친구나 그의 가족이 입원하였다면 역시 현금을 내놓는다. 이런 관습이 있어서 중국인들은 현금을 꼭 지참하여 요긴할 때 내놓는다. 현금이 준비되어 있지 않아서 돈을 내놓지 못했을 경우 스스로 체면이 없다고 여긴다.

중국인들은 교제를 갓 시작할 무렵에는 우선 가벼운 선물을 전하다가 어느 정도 친해지고 마음이 통하고 신뢰가 갈 때 귀중한 선물을 주고 받는다. 그들은 24K 순금을 유난히 좋아하여 24K 팔찌 귀고리 반지 등을 자신도 착용하고 선물로도 많이 한다. 24K 순금은 변하지 않는다는 의미와 비싸고 실용적인 두 가지 장점이 있기 때문이다.

한국 라이온스클럽과 대만의 라이온스클럽의 회원들이 서울의 풍경이 한눈에 내려다 보이는 전망 좋은 곳에서 결의형제를 맺는 날이었다. 대만 회원은 가방에서 24K 순금반지 두 개를 꺼내 하나는 결의형제인 한국인에게 끼워주었고 하나는 자신이 끼었다. 미처 선물을 준비하지 못했던 한국인은 당황하였지만 그가 떠나기 전 정성껏 선물을 준비해서 답례하였다.

중국인이 좋아하는 한국 선물은 어떤 것이 있을까?

젊은 여성들에게는 중국 백화점이나 면세점에 진열된 다양한 브랜드의 한국 화장품이 단연 인기다. 화장품에 관심이 많은 상류 계층에게는 설화수와 헤라, 후, 오휘 등 고가 화장품이 좋고 중산층 또는 일반인에게는 연령층에 따라 중저가인 라네즈, 마몽드, 미샤 등 이름이 알려져 선물로 적합하다. 화장품에 그다지 관심이 없는 여성에게는 수저나 그릇 등 한국 특색의 예쁘고 아기자기한 주방용품이 인기 있다. 좀 더 비싼 선물을 할 경우, 한국산 쿠쿠 압력밥솥도 주부들이 아주 좋아한다.

남성들에게는 닥스나 해지스 등 해외 유명 브랜드나 한국의 유명브랜드인 와이셔츠, 넥타이, 가방, 지갑 등을 선호한다. 비싼 선물로는 삼성과 LG의 휴대폰 또는 면도기 등 전자제품의 인기가 높다.

젊은층은 이불, 침대보, 커튼 등 세련되고 디자인이 예쁜 한국산 실내장식품 등을 선호하고, 노인들은 건강에 좋은 인삼 엑기스나 인삼차 인삼사탕 및 김과 김치 등을 좋아한다. 한국의 제품들은 디자인이 예쁘고 품질도 우수하여 중국인들에게 언제나 인기가 좋다. 그러나 중국의 술과 담배 종류가 워낙 많아서인지 한국의 술과 담배는 그다지 선호하지 않는 편이다.

한국 제품이 중국에서 워낙 인기가 많아 나도 고향집에 갈 때면 한국산 의류, 화장품, 밥솥, 드라이기, 진공청소기 등에다 심지어 그릇, 수저, 고무장갑 등 소소한 주방용품도 많이 챙기게 된다. 그중에는 부엌칼도 있다. 중국 주방용 칼은 넓적하고 무겁고 모양새가 없는데, 한국 칼은 뾰족하고 가볍고 다양한 디자인에다 꽃모양까지 새겨져 있는 게 많다. 이웃집 중년 부인은 어머니가 쓰고 있는 예쁜 주방용 칼을 보고 "이 칼이 한국 거예요? 굉장히 예쁘네요"라며 부러워하였다.

"예쁘면 가져가 써도 돼."

"정말요? 가져가도 되요?"

"그럼, 또 있다니까."

"고마워요. 잘 쓸게요."

이웃집 여인은 좋아하며 돌아갔다. 그런데 이튿날, 아침 일찍 찾아온 그 여인은 심각한 얼굴로 가져갔던 칼을 내놓았다.

"어쩐 일이야?"

"제가 한국산 칼을 선물로 받았다고 언니에게 자랑을 하였더니 언니가 깜짝 놀라며 칼은 선물로 주고받는 것이 아니라고 했어요."

"왜?"

"칼을 받으면 '한 칼에 두 쪽 나다(이또우 량도완 一刀兩段)'라며 관계가 끊어진대요. 그럼 큰일이지요."

그러면서 그녀는 주머니에서 현금을 두둑하게 내놓았다.

"왠 돈?"

"이 돈은 꼭 받아야 해요. 이미 받은 칼은 돌려주어도 안 된대요.

돈을 받으면 사고 판 거래가 되는 격이어서 괜찮다고 했어요."

"그런 말이 있었나? 그럼 그렇게 하지. 근데 돈이 너무 많은 것 아냐?"

"그냥 받아 두세요. 그래야 제가 마음이 편하고 시원해요."

그렇게 해서 칼을 팔아먹은 셈이 되었다.

가볍게 주지 말고 인색하게 주지 말며 함부로 주지 않는 게 잘 주는 기술이다.

한·중
문화 인식의 변화

한국인과 중국인은 동양권에서도 비슷한 점이 많다. 처음 만났을 때에도 이질감보다는 친근감을 더 느낀다. 그러나 통하면 멀리 있어도 가까운 것이고 통하지 않으면 가까이 있어도 한없이 멀 듯, 막상 교류를 해보면 보이지 않는 차이를 서서히 느끼게 된다.

한국에서는 음식점 주인과 손님 사이에 '사장님'이란 호칭 외에도 언니, 이모 또는 어머니, 할머니라는 말을 써 가족같은 분위기가 흐른다. 주인과 손님들은 모두 정을 나누며 진짜 가족처럼 챙겨주고 잔소리도 하고 심지어 사랑의 표시로 욕을 하며 정을 표하는 주인도 있다. 마치 행복이라는 것이 물질적인 것으로 시작하여 정신적인 것으로 옮겨간다는 것을 달관한 것처럼 보인다. 또한 서비스 정신이 투철한 한국의 서비스 업종에 종사하는 직원들은 대단히 친절하고 고객을 왕으로 모시느라 무례한 손님을 만나도 꾹 참고 시중을 들어주고 최고의 친절한 서비스를 아끼지 않는다.

그런 반면에 중국의 일반 대중음식점은 종업원이 손님 위에 있다. 서비스 개념이 없는 경우도 허다한데 서로 거래한다는 개념 때문이다. 미소는커녕 눈길도 마주치지 않고 지나가는 손님에게 밥과 요리 또는 술을 팔면 그만이라는 인식이 아직 자리하고 있는 곳이 많다.

상점에서도 친절한 서비스를 기대하면 실망할 때가 많다. 병원 옆 가게에서 보온병을 샀는데 품질에 문제가 있어서 교환하고자 다시 가게를 찾아갔다.

"아가씨, 어제 산 보온병이 품질에 문제가 있는데 바꾸어 주겠어요?"

그녀는 대꾸도 하지 않고 자기 할 일만 했다. 기다리다 못해 다시 재촉했더니 퉁명스러운 한 마디가 돌아왔다.

"못 보았나요? 나 지금 한창 바쁘잖아요?"

교환을 하러 온 손님이 귀찮아 가게 종업원은 짜증이 잔뜩 나 있었다. 말도 안 되는 핑계를 대는 불친절한 얼굴을 본 나는 한참 실랑이를 벌여 겨우 보온병을 바꾸었다.

거스름돈을 휙 하고 던지는 중국 종업원의 행동을 보고 한국인을 비롯한 외국인은 상당히 당황스럽고 화가 난다고 말하는 사람이 많다. 실제로 서비스 교육을 제대로 받지 못한 이와 같은 불친절한 모습은 지금도 자주 볼 수 있는 현실이다. 중국에서 쇼핑을 하며 물건에 대해 물어보면 직원들이 "없어요(메이유 沒有)"라는 말이면 끝인 모습도 목격할 수 있다. 고객을 위해 이리저리 물건을 찾아보고 전화로 다른 매장에 물건이 있는지 확인하고 물건을 찾아내 집으로 배송해 주는 한국과는 서비스 개념이 확연히 다르다.

서비스를 왜 저렇게밖에 못할까? 도저히 이해가 가지 않고 화가 난다는 사람이 꽤 있지만 알고 보면 이유가 있다. 문화혁명을 거치면서 중국인들은 위에서 시키는 대로 하지 않으면 비판을 받았다. 게다가 사회주의 체제라 열심히 하나 안하나 똑같은 대우를 받았기 때문에 아직도 시간만 때우면 된다는 사고방식에 젖은 사람이 적지 않다.

아침에 출근하자마자 신문을 보고 난로에 둘러앉아 불을 쬐며 잡담을 나누면서 일은 하는 둥 마는 둥 하다가 점심을 먹고는 다시 차 마시면서 수다를 떨며 일하는 척하다가 칼퇴근 하는 경우가 많았다.

사회주의 체제는 똑똑하거나 유능하거나 무능하거나 성과와는 상관이 없었다. 참석했느냐 여부와 시간에 따라 고과가 매겨졌다. 경쟁은 없고 모두가 평등하고 공평한 사회주의 유토피아의 실현이라는 이념의 결과였다.

"중국인 노동자들은 근무 태도가 불량하다." "열심히 일하지 않는다." "왜 칼퇴근 하는지 모르겠다"며 중국에 진출한 외국인 사업가들이 지적하지만 이런 배경은 이해하지 못한다.

중국인 직원들은 오히려 "왜 퇴근시간이 되었는데, 퇴근을 하지 말라는 건가? 초과근무 수당도 없이 직원을 착취하는 자본가의 욕심에 화가 난다"라는 인식을 가지고 있다.

물론 이런 병폐에 물든 퇴행적인 의식은 급격히 바뀌고 있는 중이다. 하지만, 사람의 가치는 바른 것은 기본이고, 그것 자체가 존중받을 가치는 아니며 사회기여도나 공헌도의 크기에 달렸다는 걸

받아들이지 못하는 사람도 많다.

이처럼 중국인과의 교류에서 그들의 문화 배경과 뿌리 깊은 의식부터 이해하면 소통의 실마리를 찾을 수 있다.

한국에 온 중국인의 말을 들어보면 한국생활을 시작한 지 얼마나 되었는지 또는 한국의 일상에 얼마나 익숙해졌는지 짐작해 볼수 있다.

"한국은 중국보다 발전되었고 한국인은 중국인보다 예의바르고 깨끗하며 교양 있다"라고 말하는 사람은 한국에 온 지 얼마 되지 않은 사람이거나 소도시나 시골에서 온 사람들로 1단계에 속한다.

"어휴! 한국, 뭐 볼 것 있냐? 한국인은 개성이 없어. 천편일률적인 화장에 의상이며 그리고 후딱 30분 판박이 결혼식에다 차별이 심해"라고 말하는 사람은 한국에 온 지 한참 된 사람이거나, 혹은 대도시에서 온 지식 수준과 경제 수준이 비교적 높은 부류로 자존심이 강한 사람이거나 또는 차별과 무시를 받아 감정이 상한 사람으로 2단계 부류에 속한다.

수준과 그릇의 차이는 생각의 높낮이에서 비롯된다. 생각의 깊이가 다르면 혈통이나 동향 관계도 통하지 않고 교류도 막힌다.

"좀 더 있어 봐야 한국을 제대로 알게 돼. 한국도 사람 사는 동네라 모두 좋은 것만 있겠어? 어디나 마찬가지지"라고 말하며 무작정 한국을 사랑하는 중국인 광팬이거나 또는 한국의 이것저것 마음에 들지 않아 불평만 늘어놓는 사람에게 이렇게 말하며 이해시키는 사람이라면 3단계 부류에 속한다.

한국에 대해 처음에는 무작정 칭찬과 인정 그리고 동경어린 시선에서 차츰 문제의식과 비판의식으로 발전한다. 그리고 3단계가 되면 한국의 긍정적이고 우수한 문화와 부정적인 문제점을 분리해서 보는 균형적인 안목을 갖게 된다. 물론 중국인 모두가 이와 같은 순서를 다 밟는 것은 아니다.

한국인이 보는 중국인에 대한 인식도 단계에 따라 다르다.

한국과 중국 두 나라가 교류를 시작할 무렵, 중국을 방문하였던 한국인은 중국에 대한 첫인상에 대해 이렇게 표현하는 사람이 많았다.

"중국인은 매우 순박하며 중국을 보면 60~70년대 한국이 연상된다."

인정이 많은 한국인은 중국인을 동정의 대상으로 보거나 또는 인종적 문화적 동질감을 느끼기도 했다. 1990년대 개인사업이나 공무 또는 관광을 목적으로 중국을 방문해 노래방에서 100불씩 팁을 주었다거나 구걸하는 사람에게 10위안을 주었다가 떼를 지어 나타난 걸인을 보고 줄행랑을 놓았다는 사람들도 꽤 있었다. 심지어 아이 몇을 데리고 구걸하는 젊은 중국 여성을 보고 안쓰러운 마음에 음식점에 데리고 가서 식사도 시켜주고 잠자리를 찾아주며 돈까지 주었다는 사람들도 있었다.

한국에 온 중국의 노동자들이나 대학생들에게도 한국인의 동정심과 친절은 그 이상이었다. 어느 날 서울의 부촌이라 불리는 곳에 살고 있는 한국인 지인이 사무실로 찾아왔다.

"아들이 중국에서 유학을 하면서 알게 된 과외 선생님이 한국에 왔는데 한국에는 아는 사람도 없고 갈 곳도 없어서 우리 집에서 일주일째 머물고 있어요. 보기에 딱해서 취직을 도와주고 싶은데, 혹시 강의를 할 수 있을지 면접을 좀 봐주시면 안 될까요?"

그 지인은 마치 자신의 일처럼 안타까워하며 식사까지 대접하면서 간곡하게 부탁하였다. 추천을 받은 그 중국 여성을 만나 면담하고 경력을 알아보았더니 강의 경험은 없었고 한국에 온 지 이미 1년도 넘은 기혼여성이었으며 남편과는 별거 중이라는 사실이 드러났다. 나중에 소개한 한국인도 눈치를 챘다.

이처럼 한국인과 중국인이 교류를 시작하면서 서로 이해가 부족하였던 점이 많았다는 것을 시간은 말해주었다.

교류를 시작한 지 한참이 지나 2단계에 접어들었을 때는 더러 이질적인 문화 또는 이기심 등으로 원망이나 갈등도 없지 않았지만 오늘날의 한국인들은 중·상류사회로 갈수록 더 이상 과거의 고정관념으로 중국인을 보지 않는다. 10년이면 강산도 변한다는 말처럼 수교하고 20여 년이 지난 오늘날 어느덧 경제 수준, 지식 수준, 의식 수준, 계층 등에 따라 중국인도 많이 변했다. 그렇게 변한 만큼이나 한국인과 중국인 서로간의 이해도 많이 성숙되고 있다.

부록

어렵지 않은
중국어 정복

중국어 정복
워밍업

　중국이 G2로 급부상하면서 세계 각국에서는 중국어 열풍이 불고 있다. 미국 오바마 대통령의 딸을 비롯해 서방국가 상류층의 자제들이 필수로 배워야 할 외국어로 중국어를 꼽고 있다. 한국 대기업에서도 이미 중국어 교육은 필수로 자리를 잡아가고 있고, 중국어 실력평가인 HSK 또는 TSC시험을 치르는 사람도 많다. 또한 임원들 중에서는 중국어 회화는 물론 연설까지 하는 중국통이 늘어나는 추세다. 그리고 이런 흐름을 반영하는 듯 "중국어 공부를 어떻게 해야 빨리 잘할 수 있는지 비결이 있나요?" 또는 "중국어가 매우 어렵다고 하는데 잘할 수 있을까요?"와 같은 질문을 자주 받곤 한다.

　중국어를 마스터하는 데 지름길은 없을까? 사실, 언어를 익히는 데 왕도는 없다. 하지만 방법을 찾아보면 좀 더 쉽게 익히는 길이 아주 없는 것은 아니다. 우선 다음의 몇 가지 질문을 통해 중국어 공부의 성공 여부를 가늠할 수 있을 것 같다.

　첫째, 공부하는 동기가 뚜렷하고 주도적인가.

둘째, 성격이 느긋하고 꾸준한 편인가.

셋째, 남과 비교를 하는 대신 자신의 목표에 집중하는가.

넷째, 말하는 것을 좋아하는가.

다섯째, 한 주에 최소 12시간 수업을 듣고, 수업 외에 1시간 이상 투자하는가.

위의 질문에 그렇다고 답하면 기본적인 수준의 결과를 기대해 볼 만 하다.

뚜렷한 목표의식과 주도적인 습관은 상당히 중요하다. 남들을 따라 "한 번 배워볼까"라고 생각하면 중간에 흔들리게 되고 포기하는 사례가 많다. 목표의식이 뚜렷하고 흥미를 가지고 배운다면 마지못해 배워야 한다는 강박증과는 비교할 수 없다.

약 2년 전 급히 대만으로 유학을 가야 했던 대학생을 예로 들어본다.

그는 하루에 3시간씩 매일 쉬지 않고 한 달에 90시간을 배우고 아쉬운 대로 간단한 의사소통 정도가 가능하게 되어 대만으로 유학을 가게 되었다. 그리고 입학과 동시에 무리 없이 잘 적응하였고 지금은 유창하게 중국어를 구사할 수 있는 수준이다.

그다음 성격과 기질도 결정적인 요소가 된다.

여의도에 있는 어느 대기업에서 강의를 할 때의 일이다.

임원과 직원까지 함께 모여 수업을 진행하게 되었는데, 많은 사람들 중에서 쾌활하고 외향적이며 유머감각까지 갖춘 여학생이 있어 수업 분위기가 상당히 좋았다.

이런 성격 유형은 대체적으로 외국어를 배우는 데 상당히 유리하게 작용한다. 그러나 수업이 한 달을 넘겨 가면서 타이어에 바람이 빠지듯 결강이 잦아지더니 그녀의 탱탱하던 열정도 차츰 시들해졌다. 수다를 떨 때면 열정과 활기를 회복하지만 수업을 하면서 문장을 읽고 질문하기 시작하면 흥미를 느끼지 못하고 집중이 안 되는 것을 보고는 그녀가 결국엔 탈락할 것이라는 생각이 들었다.

빨리 늘지 않는 자신의 실력을 참지 못해 생기는 너무 조급한 성격이 의욕을 상실하게 하는 주원인으로 작용한 것이다.

때로 어떤 학생은 잘하는 모습을 보여주지 못해 초조함과 필요 이상의 자존심을 보이기도 한다. 처음에는 의욕이 넘치고 열정을 보이던 외향적인 성향의 교육생들이 시간이 지나면서 중간에 의욕을 상실하고 포기하는 경우도 의외로 많다. 그러나 내성적이고 조용하며 처음에는 다소 열정이 약해 보이는 사람이 서서히 적응을 잘하고 끝까지 결실을 보이는 역전 현상도 볼 수 있었다. 끈기가 중요하다.

남과의 비교를 너무 많이 하거나 욕심이 너무 앞서면 심리적 부작용을 일으켜 상대적으로 잘하는 사람과 만나면 기가 죽고 자신감을 잃는 경우도 생긴다.

공무원이나 기업체의 연수원 집중교육에서 강의를 하게 되면 남과 비교하는 심리를 더욱 뚜렷하게 느낄 수 있다. 처음 레벨 테스트를 받을 때부터 꼴찌로 밀려나지 않을까 하는 걱정으로 마치 대학입시나 고시공부를 하는 것처럼 교육생들의 긴장감은 대단했다. 하루 7~9시간 짧게는 몇 주 길게는 한두 달 동안 진행되는 교육기간 내내 밤늦게까지 치열하게 경쟁하느라 강박증과 초조함으로 모두가 서서히 지쳐가는 게 보였다. 가끔 중국 노래와 영화 그리고 중국 문화를 섞어가며 긴장감을 풀어주려고 해도 이런 전투 태세는 좀처럼 풀리지 않았다.

어쨌거나 치열한 경쟁을 끝으로 검증 시간이 다가왔다. 레벨테스트 시험과 중국어로 발표를 할 때에는 전날 밤 잠도 제대로 못 잔 상태에다 긴장으로 굳어져서 실제 실력보다도 못하는 경우가 많았다. 반면 느긋한 학생은, 처음 테스트를 할 때와 집중교육이 끝날 무렵의 테스트에서 기본적으로 한 단계는 향상되었거나 많게는 두 단계 껑충 오른 사례도 있었다.

교육 과정을 마치는 날이면 그동안 수고했다며 서로 격려를 하면서도 그 과정이 얼마나 힘들었던지 눈물까지 흘리기도 했다. 그리곤 "지나고 보니 이렇게까지 경쟁하며 힘을 뺄 필요가 없었는데, 왜 그랬을까?"라거나 "나를 들볶아가며 괴롭히지 않고 차분하게 갔을 걸"이라며 아쉬움을 쏟아냈다. 경쟁의식은 발전의 동력으로 긍정적인 작용을 하는 동시에 심리적으로 스트레스를 유발하여 스스로 지치게 하는 부정적인 작용도 한다.

옛날 조나라의 대부 양주는 유명한 조련사 왕자기로부터 말 다루는 기술을 배웠다. 어느 날 두 사람이 마차 경주를 했는데, 양주는 세 번씩이나 말을 바꾸어 가면서 겨뤘지만 모두 지고 말았다. 이에 양주는 몹시 기분이 상해서 왕자기에게 억지를 부렸다.

"당신은 내게 말 다루는 기술을 전부 가르쳐 주지 않은 것 같소."

그러자 왕자기가 말했다.

"아닙니다. 저는 저 혼자만 알고 있는 비법까지도 모두 가르쳐 드렸습니다. 제가 보기에는 대부께서 제대로 이해하시지 못한 것 같습니다. 말을 다루는 데 있어 가장 중요한 것은 말과 수레가 안정되어야 하고 부리는 사람과 말이 한 마음이 되어야 하는 것입니다. 그러나 대부께서는 저에게 뒤지면 저를 따라잡으려고만 하시고 또 앞서 달릴 때면 제가 뒤쫓아 오는 것을 두려워 하셨습니다. 앞서거나 뒤지거나 저에게만 신경을 쓰시니 어찌 말과 호흡을 같이 할 수 있겠습니까? 이것이 대부께서 저에게 뒤진 원인입니다."

중국어 공부도 말 다루기를 배우는 것과 같다.

중국어 공부를 시작하려고 한다면 무엇보다 욕심을 부리거나 남과 비교하거나 심리적 긴장과 초조함 및 불안을 다스려 안정된 마음자세를 가지는 것이 가장 중요하다. 또한 '늦는 것은 괜찮지만 멈추는 것은 두렵다(뿌파만 찌오파 만 不怕慢 就怕站)'라는 말이 있듯이, 중국어를 배우는 데 있어서도 꾸준히 하는 게 역시 결정적인 요소이다.

일본이 연합국에 항복한 것을 모르고 필리핀 민다나요 섬의 밀림에서 혼자 27년간이나 초근목피로 연명하며 살던 일본군 중위 '오노 하로다'는 일본으로 돌아왔을 때 일본어를 전혀 못하는 상태였다고 한다. 외국어는 물론 모국어도 쓰지 않으면 차츰 서툴러지다가 몇 십 년이 지나면 다 잊어버려 소통을 할 수 없는 경우도 있다.

중국어 공부의
핵심 요소

만 권의 지식도 실무에 쓰지 못하면 교양을 과시하는 용도에 불과하다. 10년을 배운 중국어든, 영어든, 현지인과 소통하지 못하면 무용지물이다. 중국어를 10년 정도 배우고도 초급반으로 들어오는 학생이 의외로 꽤 있다.

"10년 정도 배웠으면 중급반으로 가야 하지 않겠어요?"

"햇수로는 시작한 지 10년이 되었지만 모두 합하면 1년이나 될까 말까 해요. 하하! 배우다 말다를 10년이나 반복한 거죠."

중국어를 포함하여 외국어를 공부하는 학생들이라면 시간의 차이는 있겠지만 이와 비슷한 공통의 경험이 있을 것이다. 긴 시간을 투자한 것은 물론이고 이 책 저 책 교재만 해도 10권은 기본인데, 문제는 배운 시간과 교재의 양만큼 실력이 향상되지 않아 안타깝다.

요즈음은 방송이나 교재 등이 많아 외국어 공부를 혼자 시작하기도 한다. 그러나 중국어는 발음부터 강사가 관리해주지 않고는 스스로 공부하기 어려워 시작을 하더라도 금방 싫증이 나고 포기하기 쉽다. 가장 중요한 것은 자신과 궁합이 잘 맞는 검증된 선생님을 찾는 것이다. 선생님을 찾는 기준은 다양하겠지만 우선 아래의 몇 가지에 유념하면 좋다.

- 강의 실력이 검증된 선생님인가?
- 가르치는 직업을 좋아하고 열정이 넘치는가?
- 학생과 눈높이를 맞추는 능력이 있는가?
- 발음은 좋은가?
- 자기만의 강의 스타일이 있는가?

이런 기본조건이 부합된다면 안심할 수 있지만 예외도 있다.

여러 가지로 조건이 좋아도 수업을 하면서 왠지 선생님과 호흡이 잘 맞지 않는다는 생각이 오래 지속된다면 성격이나 취향 또는 궁합이 맞지 않다고 볼 수 있다. 서로 맞지 않는 사람은 아무리 노력해도 한계가 있고 시간과 에너지만 낭비된다. 맞지 않으면 빨리 포기하는 것도 전략이다. 다른 선생님의 강의를 들어보고 느낌을 비교해 보는 것이 좋다. 그러나 선생님을 자주 바꾸는 것은 그다지 좋지 않다.

다음은 학생에게 집중도와 끈기가 중요하게 작용한다.

집중도와 끈기가 따라주지 않으면 수동적인 자세가 되어 입문부터 기초, 중급, 고급 수없이 많은 고비를 넘기기 어렵다. 어느 분야에서나 마찬가지이듯 중국어 공부를 하려면 양립하기 어렵지만 정신은 집중하되 마음은 느긋해야 한다.

알랑드 보통은 한 가지 분야에서 달인이 되려면 1만 시간을 투자해야 한다고 말했다. 중국어 공부 역시 얼마나 시간 투자를 할 수 있느냐 또한 중요하다.

하루에 대략 세 시간을 투자한다고 가정한다면 10년이라는 계산이 나온다.

그러면 중국어 달인이 되겠다. 그러나 달인이 되면 좋겠지만 현실적으로 쉽지 않다. 중국어 공부의 목표가 대부분 일차적으로 간단한 인사와 일상회화가 가능해져 중국인과 소통하고 중국 여행을 하면서 식사하고 물건을 사는 데 지장이 없는 정도이다.

한 단계 높은 목표라면 중국인과 교류할 수 있을 정도의 대화가 가능해지고 더 나아가 중국인과 업무상의 교류하는 것 그리고 좀 더 고차원 목표라면 중국인과 자유자재로 대화가 가능하고 중국인과 회의를 할 수 있고 연설도 할 수 있게 되는 것이겠다. 이렇게 중국어를 배우는 데는 끝이 있을 수 없겠지만 자신의 목표에 맞게 도전을 해보면 안 될 것도 없다.

매주 3번 1시간 씩 수업을 한다고 가정하면 매달 12번의 수업을 받게 된다. 1년에 대략 총 100시간을 수업하는 셈인데, 이렇게 꾸준히 한 번도 쉬지 않고 공부하는 경우는 아주 드물다. 1년에 총 80시간 수업을 받는 것도 쉽지 않다. 일반적으로 1년에 100시간을 듣고 앞에서 얘기한 조건에 맞는다고 가정할 경우에 1년 정도를 배우면 기초적인 인사말부터 기본적인 생활회화는 가능하게 된다. 수업을 빼먹지 않고 출석만 보장해도 60점은 딴 것이나 마찬가지다.

선생님은 학생들을 도와주며 관리하는 코치 역할로서 발음과 그날 배운 단원의 요점을 잡아주고 각자의 성향에 맞게 방법을 제시해 실력을 향상시켜 준다. 배우는 학생은 20~30분 예습을 하고 수업을 들으면 심리적 부담을 덜 수 있다. 또한 수업을 마치고 복습을 30분씩 한다면 진도에 맞추어 따라 가는 데 무리는 없으며, 시간이 지나면 어느 순간 자신도 모르게 궤도에 진입하게 된다.

교재 또한 중요하다. 중국 유명대학교 현지 교재를 그대로 쓰거나 번역하였다 하더라도 난해하고 딱딱해서 한국인이 공부하기에 어려워 덜 적합하다. 외국어 분야 전문출판사 또는 믿을 만한 저자 및 중국대학교 교수가 감수했거나 한국인의 취향에 맞게 편찬한 교재가 알맞다. 일단 좋은 교재를 정했으면 교재 한 권이 끝날 때까지 시리즈로 배우는 것이 좋다. 교재를 빈번하게 바꾸게 되면 같은 내용이 반복되어 시간 낭비가 될 수 있다.

외국어를 배우는 데 있어서는 환경도 무시할 수 없다. 중국으로 어학연수를 가는 것은 현지 중국인 친구를 사귀며 말을 배우고 활용해 볼 수 있는 좋은 기회이다. 그러나 누구나 휴학을 하거나 직장을 쉬고 현지로 어학연수를 가기란 쉽지 않다. 또한 어학연수를 한다고 반드시 실력이 향상된다는 보장도 없다. 단기간 다녀온 어학연수는 실력이 얼마나 늘었는지 전혀 알 수 없는 경우가 대부분이다. 현지 분위기만 느끼고 온다고 보면 정확하다.

기초가 별로 없는데 무턱대고 단기연수를 가는 것은 더욱 더 권장할 것이 못된다. 현지 학교에서의 공부는 전적으로 자신이 배우고 열심히 하는 수밖에 없다. 대학교 선생님들은 국내 외국어학원 선생님들처럼 경쟁 체제가 아니어서 책임감, 강의 기법, 열정 면에서 기대하기 어려운 경우가 많다. 더러는 명문대일지라도 검증되지 않은 대학원생이 아르바이트로 유학생 중국어과를 맡는 경우도 허다하다. 현지에서 공부한다는 환경에 유리한 것일 뿐 공부에 마음을 두지 않으면 4년을 공부해 졸업했음에도 실력이 형편없는 경우도 있다. 반대로 한국에서만 공부해도 열심히 공부한 경우 중국어 강사로 활동하거나 중국 거래처와 자유자재로 교류할 정도로 실력을 인정받은 사람들도 있다.

초급 이상 수준의 학생이 과외를 할 때에는 말하기보다 작문 위주가 좋고, 편지쓰기나 수업 과제를 실제 생활에 필요한 내용으로 주제를 정해 선생님과 함께 잘못된 부분을 교정하는 형식이 좋다. 둘이 앉아 수다를 떨거나 여기저기 돌아다니며 쇼핑하는 것은 시간낭비가 많다. 가령 "어제 무엇을 하였나?" "오늘 날씨는 어떤가?" "무엇을 살까?" "무엇을 먹을까?" 등 대체적으로 알고 있는 몇 마디 안에서 얘기가 반복되기 때문에 실력이 많이 늘지 않는다.

선생님 또한 연령대가 비슷한 친구같은 선생님도 좋지만 연령대가 다른 교사 출신이거나 또는 문화 분야 종사자, 기타 다양한 분야의 사람에게 배우면 중국어는 물론 중국문화도 배우고 다양한 친구를 사귈 수 있어 상당히 좋다고 생각된다.

유학을 갈 때나 중국어 연수를 떠날 때에는 자신의 목표에 따라 지역을 선택하는 게 바람직하다. 발음에 초점을 둔다면 베이징을 비롯한 북방 지역의 대학교가 좋다. 더러는 베이징에 한국인이 많다는 이유로 다른 북방 도시를 택하는 경우도 있는데 괜찮은 방법이다.

경제도시인 상하이와 광저우는 화려하고 볼 것이 많은 도시지만 그곳 현지인들은 지역 방언, 즉 심한 사투리를 많이 사용하고 있어 알아들을 수 없는 어려움이 있다. 그 외에 산둥성, 쓰촨성, 푸젠성, 저장성 등도 나름의 독특한 지역 사투리가 있다. 후난성 출신의 마오쩌둥, 쓰촨성 출신의 덩샤오핑 등 지도자들도 사투리가 심해 중국인 역시 알아듣기 쉽지 않았다.

중국어
공략 비결

"중국어는 울고 들어가서 웃고 나온다"는 말이 있다. 시작은 어렵지만 생각만큼, 소문만큼 어렵거나 도전할 수 없는 어학은 아니다. 물론 발음, 4성, 한자, 단어, 문장, 문법 등을 종합적으로 배워나가야 하기 때문에 어렵게 느껴지는 것도 사실이다.

중국어 배우기에 성공한 학생들을 보면 분명 중국어 공략에 대한 비결이 있다. 중국어는 한국어의 자음과 모음에 해당하는 성모와 운모가 결합되어 발음을 하게 되는데, 대체적으로 성모의 발음이 한국어보다 강한 악센트가 많은 데다 4성까지 있어 발음이 강하게 느껴진다. 그래서 한국인이 중국어를 할 때에는 한국어보다 한 톤 높이고 힘을 좀 넣어서 발음하면 좋고, 중국인이 한국어를 발음할 때는 힘을 빼고 하는 게 좋다.

중국인이 한국어를 구사할 때 억양에 신경을 쓰지 않고 말하면 고유의 악센트 발음이 섞여 나오지만 신경 써서 힘을 빼고 발음하면 한결 부드러운 한국어가 되는 것을 느낄 수 있다.

성조는 높낮이 규칙이 뚜렷이 있기에 선생님을 따라 정확한 발음 감각을 익히는 게 중요하다. 발음이나 성조에서 신경을 쓰지 않고 대충하게 되면 나중에는 교정이 아주 어렵게 된다.

교육생 중에 중국어를 아주 잘하는 학생이 있었는데 입문반에 들어왔다. 그는 거칠고 투박한 발음이었지만 의사소통에는 전혀 문제가 없을 정도로 유창한 중국어를 구사하는 학생이었다. 처음부터 체계적으로 중국어 공부를 하지 않은 채, 중국 현지에서 손짓 발짓하며 현장 회화를 배웠기에 회화는 잘 하지만 사투리 발음이 심했다. 그는 한동안 열심히 발음 교정을 해보았지만 생각만큼 잘되지 않자, 공부를 중단하고 다시 중국으로 돌아가 사업에 전념하기로 했다.

중국인 사이에서도 발음이나 성조 차이 때문에 재미있는 이야기들이 있다. 한 광둥 사람이 베이징에서 식당에 들어가 종업원에게 물었다.

"아가씨, 물만두 한 그릇에 얼마에요?"(샤오제, 쉐이쟈오 뚜어사오 첸 이완 小姐, 水餃多少錢一碗)

그런데 여종업원의 귀에는 전혀 엉뚱한 말로 들렸다.

"아가씨, 하룻밤 자는 데 얼마지요?"(샤오제, 쉐이쟈오 뚜어사오 첸 이완 小姐, 睡覺多少錢一晚)

중국어는 같은 말을 하더라도 음의 높낮이가 다른 성조 차이로 인해 완전히 다른 말이 되어 버린다.

"당신 건달이야?(니 류망야 你流氓啊)"

여종업원이 광둥성 출신 손님에게 화를 발끈 냈다고 하는데, 전해들은 바에 의하면 한국인도 비슷한 실수를 하여 웃지 못 할 일도 있었다고 한다.

중국어를 약간 구사하는 한국인 아저씨가 음식점에서 맥주를 시켜놓고 남자 종업원에게 병따개를 달라고 한다는 것이 "나는 당신의 아내를 빌리고 싶어요(워요오 찌에 니더 치즈 我要借你的妻子)"라고 말하였다. 아내를 가리키는 치즈(妻子)와 병따개라는 치즈(起子) 두 단어의 발음은 똑같다. 다만 아내의 '치(妻)' 발음은 1성이고, 병따개 '치(起)' 발음은 3성이다. 이를 구분하지 못하고 병따개를 달라는 것이 아내를 달라고 한 격이 되었던 것이다.

하지만 이것은 우스개소리에 불과하고 너무 걱정할 것도 없다. 중국어 아나운서나 선생님이 목표가 아니라면 100퍼센트 완벽한 발음이 아니더라도 실전에서는 의사소통이 잘되어 교제나 사업에서 전혀 지장을 받지 않는다. 반기문 유엔 사무총장이 완벽한 발음의 영어를 구사하지 않아도 세계 정상들과 소통하는 데 전혀 지장이 없는 것처럼 말이다.

중국어를 배우는 데는 발음부터 단계의 장벽이 있다.

1단계 : 발음, 성조의 장벽

성조는 모두 4개가 있는데, 귀로는 들리지만 막상 자신이 하려면 감을 잡기 어렵다. 그래서 성조 연습은 홀로 하지 않는 게 원칙이다. 선생님의 발음을 직접 듣고 따라 하면서 감을 잡은 다음 CD를 반복해서 들으며 따라하는 것이 좋다. 요즈음은 휴대폰으로 간편하게 녹음할 수 있어서 수업시간에 직접 녹음하여 들으면 아주 편리하다. 굳이 번거롭게 CD를 듣지 않아도 된다.

2단계 : 단어 장벽

어학 공부는 어휘력이 중요하다. 비슷비슷한 단어가 많아 기억이 잘되지 않는 어려움이 있다. 무조건 단어 외우는 방법은 좋지 않다. 아래의 예를 보듯이 문장 안에는 여러 개의 단어와 문법이 골고루 녹아 있어 본문을 외울 수 있을 정도로 많이 듣고 읽으면 단어 기억이 훨씬 쉽다.

"어디가 불편 하세요?"(나얼 뿌수푸 哪兒不舒服)

"머리가 아프고 열이 나고 조금 춥기도 해요."(터우 텅, 파아 쏘우, 유우 디알 렁 頭痛發燒, 有点兒冷)

"감기에 걸렸네요."(간 모우러 感冒了)

"약 먹고 주사를 맞으세요."(츠 요우, 다 쩐바 吃藥 打針吧)

실전에서 바로 사용이 가능한 중국어를 구사하면 스트레스도 덜 받고 단어 10~20개는 금방 외워지고 자신감도 생기는 일거양득이 된다.

3단계 : 문법 장벽

위의 문장에서 '조금'이라는 뜻의 포인트인 '요우디알(有点兒)'과 '이디알(一点兒)'의 문법의 차이점에 대해 강의시간에 선생님이 콕 찍어서 설명을 해준다.

이렇게 문법을 이해한 다음 여러 개 예문으로 활용하면 그 차이를 자연스럽게 터득하게 된다. 가끔은 나 역시도 자신도 모르게 문법 설명이 장황해지는 함정에 빠지기도 한다. '오잉? 이게 무슨 말이지?' 학생의 눈빛은 차츰 빛을 잃어간다. 순간 '설명을 길게 하지 말았을 걸' 하고는 다시 간략하게 정리를 해주면 오히려 더 쉽게 이해를 했다.

자동사니 타동사니 복잡하게 문법을 따지며 배울 필요가 없고 굳이 문법책을 따로 사서 외우는 수고로움이 필요 없다. 어린아이들이 언어를 배울 때 엄마가 복잡하게 문법을 설명하지 않고 자연스럽게 배웠듯이 외국어도 같은 이치이다.

교육생 중에 어느 대기업 임원은 단어와 문법 심지어 교재의 어느 페이지에 무슨 내용이 있는지도 정확하게 통째로 외우고 있었다. 그러나 3년 이상을 열심히 배웠음에도 회화 실력은 걸음마 단계였고, 단어를 외우고 문장을 해석하고 문법을 익히는 그야말로 지식을 저장하는 방식이었다. 그래서 독해는 되지만 실전에서는 전혀 활용할 수 없는 상태여서 안타까웠다.

4단계 : 레벨 관리 장벽

중국어 공부를 시작한지 3개월 후부터는 실력 차이가 드러나기 시작하고 잘하면 열정이 넘쳐나지만 뒤처지면 초조해진다. 마라톤처럼 다 같이 출발하지만 조금 지나면 흥분감도 신비감도 사라지고 진도를 따라가기 힘들어 멈출지 말지 마음이 흔들리는 고비가 온다.

이 단계에서는 되도록 자신의 수준에 맞는 레벨 관리가 중요하다. 마음이 흔들리는 데는 두 가지 원인이 숨어 있을 수 있다. 하나는 학생이 진도를 따라가지 못해 좌절하게 되는 것이고, 다른 하나는 선생님이 학생과 호흡을 맞추지 못하는 데서 문제를 찾을 수 있다. 만약 후자의 경우라면 일부가 아니라 학생 전체가 상당히 어렵게 느껴지고 스트레스를 받는데, 선생님의 강의 경험이나 실력 부족에서 문제를 찾을 수 있다.

대체적으로 중국어를 배우는 데는 지능이 많이 작용하지 않는다. 대부분 선생님의 강의 실력 그리고 눈높이를 맞추는 능력과 학생의 집중도 및 꾸준한 노력에 달렸다. 모든 공부가 마찬가지이듯 우리는 투자나 노력은 하지 않고 실력은 팍팍 오르기를 바라는 심리가 누구에게나 비슷하게 있다. 그러나 투자와 노력 없이 실력이 향상될 수 없다는 것은 경험을 통해서 알고 있다.

중국어 공부에만 몰입할 수 있다면 누구나 무리 없이 실력이 금방 늘어난다. 그러나 야근까지 하면서 업무에 신경을 쓰다 보면 중국어 공부에 신경 쓸 시간도 여력도 없는 모순된 상황이 안타까운 경우가 대부분이다. 그래서 기본에 충실하자는 원칙에 따라 수업에만 참석해도 60점은 얻는다. 근주자적 근묵자흑近朱者赤 近墨者黑 이라고 얻고 싶은 것에 가까이 가는것 만으로도, 환경에 가까이 가는것 만으로도 반은 얻어진다. 한국의 속담인 '서당개도 삼 년이면 풍월을 읊는다'에 해당되겠다.

5단계 : 심리 슬럼프 장벽

시간이 지날수록 어느 정도로 실력이 늘었는지, 정체되었는지 알수 없어 또다시 지루해지기 쉬운 심리적인 고비에 부딪친다. 이 단계에서는 선생님과 학생이 탁구를 치고받는 것처럼 짧은 말을 주고받는 실전 활용법이 좋다. 빠르게 치고받는 형식이어서 졸거나 지루할 시간이 없어지며 단어를 모르면 대답이 불가능해져 집중을 하지 않을 수도 없다. 이렇게 호흡을 같이 하며 치고받는 회화는 흥미도 유발하고 자신감을 찾을 수 있게 된다.

그 외 주제별 의사 표현을 하거나 일기를 쓰거나 중국 영화나 드라마를 가미하는 등 다양한 방법으로 슬럼프를 넘기는 방법도 좋다. 초급 단계일 때는 자막이 있는 기존의 영화 '첨밀밀' '집으로 가는 길' '장강 7호' '변검' '인생' '홍등' 등을 보며 중국어 몇 마디를 알아듣고 중국문화도 이해하는 데 도움이 된다. 현대의 일상 문화를 엿볼 수 있고 회화연습에 도움이 되는 것으로는 '쳰더더의 결혼이야기', '베이징 러브스토리', '이혼 전 규칙', '음식 남녀' 등이 있다.

중급 이상이 되면 사투리가 심하지 않은 농촌드라마가 자막 없이도 일상적인 대화로서 알아듣기 쉽다. 한국 드라마를 중국어로 번역한 것도 좋다. 고급 정도가 되면 멜로물, 청춘남녀의 미팅 프로그램, 관광명소를 소개하는 프로그램 또는 다큐멘터리가 좋다.

최고급 수준이 되면 다양한 장르의 영화와 드라마 또는 뉴스와 토론이 좋으나 말의 속도가 엄청 빨라 수준급 실력을 갖추지 않으면 알아듣기 어렵다. '적벽대전', '초한지', '조씨 고아' 등 사극은 어려운 단어를 많이 사용하기 때문에 고급 수준이 되어야만 알아들을 수 있다.

중국어 방송은 CCTV, 중화TV, 봉황TV 등이 있고 중국 인터넷은 baidu.com과 xinlang.com 등을 참고할 수 있다.

끝맺는 말

만약 중국에서 한국인과 일본인이 똑같은 실수를 했다고 해보자. 중국인들의 반응은 어떨까? 대체적으로 한국인이 일본인보다 유리한 경우가 많다. 개개인의 잘잘못을 가리기 전에 중국인은 일본인보다 한국인에게 더 우호적이다.

일본이 중국에서 저질렀던 남경대학살, 인체실험, 위안부문제 등 뼈에 사무치는 만행을 저지르고 지금까지도 인정을 하지 않고 이리저리 변명으로 일관하니 분노가 치솟는다. 예의가 바르고 단정하지만 잔머리 굴리는 그들의 태도를 보며 예의바른 겉모습과 야비한 속마음이 다르다고 믿지 않는 중국인들이다. 그 피해는 중국의 일본 국민들이 고스란히 받게 된다.

일본 정치인들이 망언을 할 때마다 중국인들은 "일본 놈은 꺼져라"라는 구호를 외치며 온 거리가 넘치도록 시위를 한다. 한국의 독도를 일본 섬이라고 우기는 것처럼 중국의 조어도를 일본 땅이라 주장하자 성난 중국인 시위대가 중국 전역에서 들불처럼 일어났을 때였다.

일본이 중국인과 조선인을 대상으로 인체실험을 했던 731부대의 시설물이 아직 그대로 보존되어 있는 하얼빈에서도 반일 시위의 수위가 높아졌다. 시내 곳곳에서는 물론 대학교 캠퍼스는 흥분한 대학생들로 긴장이 고조되었고 일본 유학생들은 밖에 나가는 것도 두려워했다. 바짝 긴장한 죄 없는 일본 유학생들은 외모가 비슷한 점을 이용해 한국인인 척하기도 하고, 한국 유학생과 섞여 다니며 되도록 일본인 유학생 신분을 숨기는 분위기였다. 반면 한국은 관동대학살과 인체실험 그리고 종군위안부 등 역사의 아픔을 함께 겪은 이웃나라로서 예의가 바르고 성실하여 마음과 정이 가는 선한 사람들이란 인상을 받고 있다.

가끔 극소수 한국인들이 유흥업소에서의 실수나 사업 실패로 인한 임금체불과 현지처를 두는 사업가로 인해 지탄을 받거나 마찰이 있기는 하였다. 또한 한국 드라마가 중국 시청자를 사로잡자 중국 지식인들이 거세게 비판하는 혐한 분위기도 잠시 있었다. 하지만 반한 정서로 이어져 시위를 벌이거나 한국 제품에 대한 불매운동은 없었다.

중국인들은 실수를 하더라도 이에 대한 용서를 구하는 타이밍과 태도를 중요하게 생각한다. 진정성은 없이 예의만 바른 일본인의 자세는 오히려 위선적인 이미지만 부각시켜 겉 다르고 속 다르다는 인상을 남긴다. 그런 일본인들과는 달리 한국인은 대체적으로 진정성 있는 이미지로 자리 잡고 있어서 실수를 했더라도 때를 놓치지 않고 잘못을 인정하고 다가간다면 문제는 의외로 쉽게 풀릴 수 있다.

중국은 경제발전 초기에 한국을 가장 유력한 협력 대상으로 삼았는데, 한국 한국인에 대한 우호적인 분위기와 함께 가장 짧은 시간에 발전을 이룬 한국을 배우자는 취지도 있었다. 투자를 많이 하는 기업의 대표가 중국을 방문할 때에 경찰이 호송하며 길을 터주는 일도 있었고, 사업 유치가 성공적으로 이어지자 각 성의 수뇌부들이 잇달아 한국을 방문해서 사업 유치 설명회를 하였다.

지금의 시진핑 국가주석도 그 당시에는 저장성 당서기로 재직하며 한국을 방문한 바 있을 정도다. 그들은 중국에 진출하려는 한국 사업가들에게 유리한 조건을 제시하며 사업 유치를 하였는데, 한국의 사업가들 중 일부는 상당한 매력을 느끼고 마치 든든한 꽌시를 맺은 것처럼 여겼다.

그러나 시간이 지나면서 중국도 "누구든지 환영합니다. 어서 오십시오"에서 '중국에 득이 되는 기업만 사랑한다'로 변하게 되었다. 이러한 기업 환경의 변화에 따라 동남아 등으로 이전하거나 철수하려다가 세금, 임금, 계약 등 복잡한 문제에 걸려 고생하는 한국인도 꽤 많다.

이렇게 예기치 못한 일이 발생하였을 경우, 수습이 가장 급선무인데 겁부터 먹고 도망갈 생각을 하면 오히려 신뢰를 잃고 화를 부르는 원인이 된다. 약속이 지켜지지 않고 시간이 지체될수록 "우리를 우습게 보나?"라며 중국인들의 자존심을 건드리게 되어 일이 더 커지는 사례도 있다. 그들은 신뢰가 있을 때는 '친구(펑요우 朋友)'지만 돈 거래를 깨끗이 하지 못하거나 약속을 어길 경우에는 바로 적대적인 태도를 보이며 거칠게 몰아붙여 살벌하다.

이익을 함께 할 때는 평요우지만 이익이 되지 않고 의리를 지키지 않으면 적이 되었다가 상황이 호전되면 다시 우호적 분위기로 바뀌는 여지도 항상 있다. 대체적으로 갈등은 사소한 감정적인 문제부터 시작하였다가 제때에 풀지 못하여 나중에는 일파만파로로 번지는 경향이 있다.

중국과의 무역에서 한국은 근래 해마다 500억 달러에 달하는 흑자 행진을 계속하고 있으며, 이는 미국과 일본 및 유럽을 합친 규모보다 크다고 한다. 14억 인구대국인 중국은 우리 한국의 거대한 시장이자 가까운 이웃이다.

분위기 파악은 처음부터 마지막까지 쉽 없이 매순간의 미묘함을 감지하는 데 있는 것처럼 국내 유력 일간지에 드라마 '별에서 온 그대'의 아시아 팬클럽 명의로 된 중국인들의 '항의성 서신'이 전면 광고로 실린 건 곧 한류의 파급력이 어떠한지를 나타내는 지표다. '학력과 소득수준이 높은 사람은 이성적이고 즐거운 미국 드라마를 선호하고, 그렇지 못한 중국인들은 논리성 없고 감정 폭발하는 한국 드라마를 좋아한다'는 한국 교수의 논문을 질타하는 내용이었다. 아울러 그들은 '강 교수의 주장은 틀린 것이며 중국인들은 한국 드라마와 도민준 교수님(드라마 속의 남자 주인공)을 좋아하고 높은 지적 수준을 더더욱 좋아한다'고 밝혔다. 강 교수는 즉시 신문을 통해 사과함으로써 오해는 풀어졌다.

이처럼 한국 드라마를 보고 한국 음악을 들으며, 한국인의 화장과 헤어스타일을 따라 하고, 한국의 전자제품에 열광하고, 한국 자동차에 환호하는 중국인들이다. 심지어 한국에서 치맥이라고 부르는 치킨과 맥주가 없어서 팔지 못 할 정도로 인기가 치솟는 것은 한국 드라마 덕분이라는데, 중국 중국인의 애국심만으로는 다른 나라의 우수한 문화와 제품을 막을 수는 없다.

한류 등 뛰어난 한국적 문화 브랜드가 중국 대륙에 퍼지고 중국인에게 한국 제품이 널리 알려지고 있는 것처럼 이미 문화, 역사, 지리, 경제, 정치적으로도 한·중 두 나라는 떼려야 뗄 수 없는 관계다. 따라서 중국 중국인과의 원활한 소통과 교류를 위해 한국 한국인들이 그들의 문화와 의식을 이해하여 서로 친구가 되는 것은 한·중 두 나라 사람 모두에게도 이롭다. 이제 우리는 중국인과 협력하고 경쟁하며 그들에게 설명하고 그들을 설득하고 그들과 협상하며 동반 성장해야 하는 시점이다. 아무쪼록 한·중 두 나라가, 좋은 이웃이자 좋은 친구 그리고 좋은 동반자로 함께 발전하기를 바란다.

좁은 시각이나마, 한·중 두 나라 사람의 다른 점을 비교하고 분석하여 한국인들이 중국인들과 교류하고 소통하는 데 조금이라도 참고가 될 수 있다면 더 없는 보람이겠다. 부족한 글을 읽어주신 한국의 독자 여러분께 머리 숙여 감사드린다.

*참고문헌

閑話中國人：易中天 上海文藝出版社 2006年 3月 1日 第1版

中國式關係：浮石, 金城出版社, 2010年 5月 第1版

中國人性格地圖：王海亭 中國書店出版社 2007年 3月 1日 第1版

政務禮儀：楊金波, 中華工商聯合出版社有限責任公司, 2012年 6月
　　　第1版

面子 –中國式人情運用技巧：田玉川, 世界圖書出版公司, 2012年 1月
　　　第1版

聽懂暗語 讀懂人心：黃志堅, 北京聯合出版社, 2012年 12月 第1版

送禮的藝術：穆秋月, 中國華僑出版社, 2012年 2月 第1版

飯局關係學：張仲超, 雲南出判集團有限責任公司, 2012年 1月 第1版

한국인이 모르는
중국인의 심리 코드

지은이 **첸 란**

발행일 **2014년 12월 17일 초판 1쇄**

펴낸이 **양근모**

발행처 **도서출판 청년정신** ◆ 등록 **1997년 12월 26일 제 10-1531호**

주 소 **경기도 파주시 문발동 535-7 세종출판벤처타운 408호**

전 화 **031)955-4923** ◆ 팩스 **031)955-4928**

이메일 **pricker@empas.com**